ちくま新書

現代の金融入門【新版】

池尾和人
Ikeo Kazuhito

831

現代の金融入門 新版

【目次】

はしがき

本書は、変貌の激しい「現代の金融」に関して入門的な解説を行ったものである。同一の目的をもった本書の前身である旧版の『現代の金融入門』は、十数年前に刊行されたにもかかわらず、ごく最近まで読者を得るという長寿に恵まれてきた。しかし、変貌の激しいのが「現代の金融」の特徴である以上、十年超の時間の経過は、旧版の内容のいくつかの部分をもはや現代的とはいえないものに陳腐化させてしまった。

それゆえ、タイトルに恥じない現代的なものに内容の改訂を行うことは、長い年月にわたって旧版を支持して下さった読者に対する著者の責任だと考えていた。けれども、生来の怠惰と様々な雑事に追われる中で、なかなか実際には改訂作業に従事できないでいた。そうした中で、授業負担と組織運営業務を一切免除され、研究活動に専念できるという特別研究期間(一般に「サバティカル」と呼ばれる)をようやく二〇〇八年度に得ることができたので、この機会に改訂作業を行う予定でいた。

ところが、多少の改訂作業は始めていたのだけれども、二〇〇八年度の後半になると、米国発の金融危機が本格化するに至ってしまった。すると、金融論を専門とする経済学者としては、解説書を書くよりも、リアルタイムで進行する金融危機に関わる研究活動を優先せざるを得ない。一般の方々からは不謹慎だとの叱責を受けるに違いないが、金融危機のような事態に直面すると、経済学者としては知的には高揚することになる。これは、私の個人的な性向ということではなく、経済学者全般に当てはまる傾向のようである。

とくに危機の震源地である米国の経済学者の知的活動レベルは、危機とともに著しい高まりをみせ、そのアウトプットである論文やレポートを追いかけて読むだけでも大変な時間を要するような状況になった。このように高揚した米国の経済学者たちがめざましいスピードで質の高い分析成果を膨大に積み上げているのに対して、当初、日本では金融危機に関連しては「市場原理主義は間違っていた」とか「米国型強欲資本主義は終焉した」といった雑ぱくな議論しかなされていなかった。

それゆえ、高揚感とともに、こんなことではますます世界から知的に後れをとるだけだという危機感も感じた。こうした高揚感と危機感から、サバティカルの後半は、池田信夫さんに手伝ってもらって一冊の本(『なぜ世界は不況に陥ったのか』日経BP社)を出版することに費やしてしまった。そのために、改訂作業は再び遅延することになってしまい、ようやく今日にいたって刊行できることになった。旧版からの読者には、こうした遅延に関して深くお詫びしておきたい。

ただし、世界的な金融危機を経験し、それに関して集中的な考察をした上で、改訂作業を行ったことは、結果的には幸運だったと思っている。というのは、金融危機を踏まえたものであることによって、実際の作業は、改訂というよりも、ほとんど全面的に書き直すのに近いものとなったが、本書の内容を真に現代的なものにすることにつながったと考えられるからである。

ただし、真に現代的である反面、正直にいって、本書の内容は入門書としては難しいように感じられるかもしれない。それは、具体例をあげて説明するというよりも、本質的と思われる事項について、できるだけ論理的に筋の通ったかたちで説明をするという姿勢をとったからである。こうした姿勢は旧版からのものであり、旧版が予想外に長い期間にわたって読者を得ることができたのも、こうした姿勢のゆえだと考えている。事例はすぐに陳腐化しても、本質に関わる論理が古くなるということはないからである。この意味で、本書は少々歯ごたえはあるが、それに見合う意義もあると信じている。

最後に、ここで本書の構成に関して、簡単に説明しておきたい。本書は、旧版と同様に、全7章からなる。まず第1章では、金融取引の意味とそこにおける金融機関の役割について説明している。これに対して第2章では、個々の金融機関の役割ではなく、銀行と呼ばれるタイプの金融機関が総体として果たしている役割を説明している。第3章は金融政策、第4章は資産価格にそれぞれ関連した話題を取り上げている。第5章では、金融面からみた日本のコーポレート・ガバナンスについて考察し、第6書では、デリバティブや証券化といった新しい金融の動きを概観している。最後の第7章においては、金融危機の経験も踏まえた上で、金融規制監督のあり方について論じている。

なお、高橋亘氏（日本銀行金融研究所長）と齊藤誠氏（一橋大学大学院経済学研究科教授）からは、本書の草稿に関連して有益な指摘をいただいた。もちろん、本書の主張や残されているに違いない誤りについては、著者にのみ責任がある。図表の一部については、その作成を永田貴洋氏（沖縄銀行）に手伝ってもらった。本書の編集は、筑摩書房の永田士郎氏と松田健氏に担当していただいた。これらの方々には、篤くお礼を申し上げておきたい。

二〇〇九年十二月

池尾　和人

第１章
金融取引

1　金融取引の意義

†金融取引とは

金融取引とは、現在のお金と将来のお金を交換する取引である。ここでいうお金（＝資金）とは、ものやサービスを手に入れられる力（＝購買力）という意味だと考えてほしい。ただし、将来のお金は定義的に現存するものではない。例えば、一年後の一万円は、一年後にならないと存在しない。いま一万円があっても、それは一年後の一万円ではない。それゆえ、正確にいうと、現在のお金と「将来時点でお金を提供するという約束」を交換するのが、金融取引である。

換言すると、この「将来時点でお金を提供するという約束」が、金融取引において売買対象となっている商品（金融商品）であり、金融商品を売り買いするのが金融取引である。なお、金融商品のことを金融手段（financial instruments）、あるいは金融資産（financial assets）と呼ぶこともある。金融商品の一例として、国債がある。国債にもいろいろな種

図表１－１　金融取引の概念図

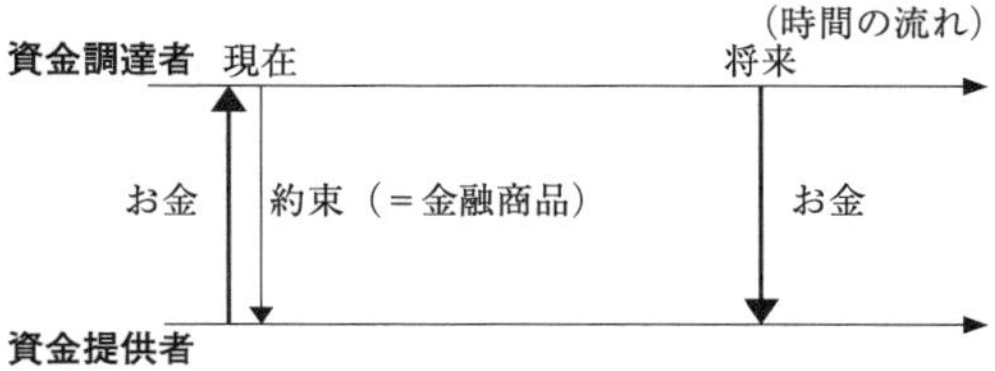

類があるけれども、ここでは十年ものの長期国債というものを考えてみよう。

十年ものの長期国債は、国（中央政府）が売り出（発行）している金融商品の一つで、その購入者に半年ごとに利払いというかたちで十年間にわたってお金を提供し、十年後に元本の返済というかたちでお金を提供するという約束を国がしているものである。この場合、提供されるお金の額は、約束時に定められている。

他方、金融商品のよく知られた別の例として、株式がある。株式にもいろいろな種類があるけれども、ここではトヨタ自動車の普通株式を考えてみよう。

トヨタ自動車の普通株式は、トヨタ自動車という会社が売り出（発行）している金融商品の一つで、その購入者に半年ごとに配当というかたちで（未来永劫に）お金を提供することがトヨタ自動車によって約束されている。ただし、その配当の額は、約束時には確定しておらず、トヨタ自動車の業績等を勘案して

（トヨタ自動車の取締役会によって）その都度決められることになっている。

このように、「将来時点でお金を提供するという約束」といっても、約束の仕方にはいろいろなバリエーションがある。そして、約束をしている者が誰か、約束の仕方がどのようなものであるかに応じて、様々な種類の金融商品が存在することになる。

なお、最も典型的な約束の仕方の二類型として、負債（デット）契約と持分（エクイティ）契約がある。負債契約は、先の長期国債のように、将来提供されるお金の額があらかじめ確定しているものである。これに対して持分契約は、先の普通株式のように、事業の業績などに応じて将来提供されるお金の額が変動するものである。

ただし、厳密にいうと、負債契約の中にも変動利付債や物価連動債といわれるようなものがある。これらは、支払われる利子の大きさが金融情勢や物価情勢に応じて（一定のあらかじめ定められたルールに従って）変化する。他方、持分契約の中にも、優先株式と呼ばれる、配当が普通株式よりも優先的に受け取れる約束になっているものがある。こうした例から分かるように、負債契約と持分契約の境界を明確に定義することは難しく、厳密な定義を与えようとすると、いたずらに複雑になりかねない。そこで、本書の入門書としての性格から、右記したような定義でとりあえず先に進むことにしたい。

それでは、これらの多様な種類の金融商品を売買することにどのような効果や意義があるのだろうか。金融取引の効果についてはいくつも考えられるが、ここでは、その中でも最も基本的な「資金の移転」と「リスクの移転」について説明することにしよう（金融取引には、この二つ以外にも他の効果や意義があるが、それらについては本書の中で順次説明していくことにする）。

†資金の移転

世の中には、そのときの自分の所得を超えて支出をしようとする者と、逆に自分の所得を下回る支出しか行わない者とがいる。前者は赤字主体といわれ、後者は黒字主体といわれる。赤字主体になるのは、もちろん所得に比べて消費が多すぎる場合もあるが、それだけではない。貯蓄はしっかりと行っている人であっても、その貯蓄でまかないきれないほどの投資を一時に行うときには、赤字主体にならざるを得ない。

例えば、住宅を購入する際には、自己資金だけでは足りず、借入を行うのが一般的である。住宅の購入は、経済学的には「住宅投資」という投資の一種類であるとみなされる。

個人の場合に限らず、企業も、事業の規模を拡大したり、新規の事業分野に進出したりするために、貯蓄（企業の行う貯蓄は、内部留保とも呼ばれる）を上回る投資を行う。このとき、この企業は赤字主体となるが、その投資が事業を大きくして将来の収益につながり、

図表1－2　所得・支出差額と貯蓄・投資差額は同じ

	所得＝消費＋貯蓄
−）	支出＝消費＋投資
	所得−支出＝貯蓄−投資

返済の見込みがあるものならば、決して不健全なことではない。

このように、ここでの赤字という意味は、損失が出ているということではなく、その主体の投資額がその貯蓄額を上回っているということである（浪費で赤字の場合は、投資額はゼロであるが、貯蓄額がマイナスになっているケースであり、形式的にはやはりこの定義に当てはまっている）。逆に、黒字主体であるとは、貯蓄額がその投資額を上回っているような主体のことである。

しかし、貯蓄を上回る投資をしたいと思っていても、その差額分の購買力を手に入れられなければ、投資額は貯蓄の範囲にとどめるしかない。差額分の購買力を手に入れる方法が、「将来時点でお金を提供するという約束」をして、その約束と交換に現在のお金を受け取るという取引を行うことである。すなわち、金融商品を売ることで、追加的な購買力を獲得することができる。他方、投資の必要が少なく、貯蓄が手元に余っている場合には、余った貯蓄で何らかの金融商品を購入すれば、購買力を将来に持ち越すことができる。

このように、金融商品の売買を行うことで、黒字主体から赤字主体にお金が融通される（資金が移転される）ことになる。お金が融通されるから、「金融」といっているわけである。

それでは、金融取引に資金の移転という効果があるのは明らかだとして、それにはどんな意義があるのだろうか。それを理解するためには、他者にお金を融通したり、他者からお金を融通してもらえる機会がないという逆の場合を考えてみるとよい。

この逆の場合には、誰も赤字主体にも黒字主体にもなれないということになる。すなわち、そのときの自分の所得と常に一致した額の支出をするしかなくなる。すると、例えば来年にはかなりの所得を得ることが見込まれていても、今年所得がなければ、全く支出できないことになってしまう（それでは、死んでしまいかねない）。

反対に、いまは所得が比較的多いが、将来は所得が少なくなると予想されても、将来に備えて購買力を効率的に持ち越すことができないということになる。実際、発達した金融制度をもたない時代や国々では、貴金属の購入や過剰な（穀物などの）在庫を保有するというかたちで「投資」を行うしか購買力を将来に持ち越す方法はない。これは、他者に融通するという機会が限られているからである。

要するに、個々の主体からみたときの「資金の移転」が行える意義は、所得を得る時間的なパターンと支出を行う時間的なパターンを（所得と支出の累積した総額は一致しなければならないという制約の範囲であれば）自由に決められるということにある。必ずしも所得を得るタイミングに縛られることなく支出ができるということになれば、年によって所得の変動の大きな職業に就いていても、毎年の消費を平準化してほぼ一定額ずつ行うといったことが可能になる。

こうした可能性があることによって、そうした可能性が閉ざされている場合に比べて人々の経済厚生は確実に向上する。すなわち、一般に時間を通じて消費水準を平準化する方が（総額は同じでも）消費水準が変動する場合よりも、その主体の生涯効用は改善することが知られている。金融取引には、「資金の移転」を通じて、こうした改善の余地を利用可能にするという意義がある。

また、個々の主体のレベルにとどまらず、社会全体でみても、「資金の移転」が行えることには意義がある。それは、実現される投資の水準と内容の改善につながるというものである。こうした意義が生じるのは、一般に有望な投資のチャンスとそれを実行する能力をもつ者が必ず十分な貯蓄を有しているとは限らないからである。

投資機会にアクセスしたり、投資を実行する能力の分布と、貯蓄を行う能力（所得額）の分布が一致しているということは、希有の偶然でしかあり得ないことである。両者の分布が一致していなければ、一方に貯蓄はあるが投資のチャンスと能力を欠く者がいて、他方に投資のチャンスと能力はあるが貯蓄を欠く者がいることになる。

もし「資金の移転」が行えなければ、前者は無理にでも自分で投資を行わなければならず、後者は投資を思うように行えないことになる。この場合、実現される投資の水準と内容は乏しいものにとどまらざるを得ないと考えられる。これに対して、前者から後者へ購買力の融通がなされるならば、実現される投資の水準と内容は改善されたものになると期待できる。この意味で、金融取引のチャンスがあることは、社会的にみてより効率的な投資実現（したがって、全体としての将来時点での所得の増大）の前提となるものである。

†リスクの移転

投資を行うために資金の融通を受けるとしよう。ここでいっている投資は、もっぱら事業を行うような実物的な投資をさしている。

こうした投資には間違いなくリスクが伴う。すなわち、その投資の成果はあらかじめ確定しているものではなく、様々な要因の影響を受けて変動する可能性がある。大きな成果が得られる場合もあれば、小さな成果しか得られない場合もある。投資を行うのであれば、こうしたリスクを負担しなければならない。

しかし、この種のリスクを実際に投資を実行する者だけが負担しなければならないとすると、投資が抑制されてしまうおそれがある。例えば、能力は高いが貧しい若者に、大富豪が資金を融通している場合を考えてみよう。この若者は、資金だけ与えられても、投資の成果に伴うリスクをすべて自分だけで負担しなければならないのであれば、到底耐えきれないとして、投資を行うことを断念してしまうかもしれない。

こうした場合に、投資が見送られてしまうよりも、資金の提供者がリスクの一部（あるいは全部）を負担することによって投資の実行を促した方が、（大富豪であって少々のリスクは許容できる）資金提供者にとっても有利になることが考えられる。そして、リスクの分担は、金融契約の内容（約束の仕方）を工夫することで可能になる。

負債契約のかたちで資金の調達を行っているときには、投資の結果がよくても悪くても、投資の実行者（＝資金調達者）は、一定額を返済しなければならない。それゆえ、投資の成果がふるわず返済額を下回るようだと、持ち出しをしてでも返済しなければならない。この意味で、資金の提供者は、投資に伴うリスクを負わない約束になっている。

ただし、資金調達者が十分な資産を他にもっていなければ、持ち出しができずに、約束通りの額を返済できない場合があり得る。こうした場合は、デフォルト（契約不履行）と呼ばれる。デフォルトの可能性があるので、負債契約であっても、資金提供者の負うリスクはゼロではないが、限定されているといえよう。

これに対して、持分契約のかたちで資金の調達が行われているときには、資金の提供者は、より明示的にリスクを分担することになる。すなわち、資金提供者が将来時点で受け取れる額は、投資の成果が芳しいものでなければ、少なくなってしまう（あるいは、ゼロになってしまう）。その代わりに、投資の成果が大きければ、受け取れる額も多くなる。もし投資の実行者の自己資金はゼロで、投資に必要な資金がすべて持分契約で調達されているならば、投資の実行者が何らリスクを負わないということもあり得る。

資金調達者と資金提供者の間でどのようにリスクを分担しあうのが望ましいかは、いろいろな事情に応じて異なってくる（例えば、資金提供者は、いつも大富豪であるとは限らない）。しかし、右で述べたことを踏まえると、負債契約で調達する割合と持分契約で調達する割合を調整すれば、いかなるリスク分担の組み合わせも実現できることが理解できよう。

このように「リスクの移転」を行うことが、金融取引のもう一つの大きな効果である（リスクの移転には経済厚生の向上につながる意義があることは、第6章で後述する）。

なお、金融取引を通じて移転可能なリスクは、これまで取り上げてきた投資リスクに限定されるものでは決してない。むしろ、あらゆる（起こった結果について立証できるような）リスクは、金融取引を通じて移転可能である。金融商品の売り手が将来時点で支払う金額を当該のリスクの実現結果に依存させるような契約をすれば、どのようなリスクも基本的に取引の対象にすることができる。

投資リスクは資金調達側に関わるものであるけれども、資金提供側に関わる事情に将来時点で支払われる金額を依存させることも考えられる。例えば、資金提供者が生きていたら一円も払わないが、資金提供者が死亡していた場合には、一千万円を支払うといった契約である。こうした契約は、一般には生命保険と呼ばれているものにほかならない。保険は、リスクの移転を主たる目的にした金融取引の一種であるといえる。

さらには、取引当事者のいずれかに関わる事情ではなく、一般的な経済・社会の動きに将来時点の支払額を依存させるような契約も考えられる。円・ドルの為替レートの動きに応じて、例えば円安になっていたら支払額が増えるといった契約である。あるいは、日経平均株価指数に連動して、例えば株安になったら支払額が増えるといった契約である。

後者のような契約を内容とする金融商品を買っておけば、株式投資のリスクをヘッジ（影響を相殺）することができる。すなわち、実際に株安（高）になると、株式投資では損（益）が出るが、この金融商品からの受取額は増え（減）るので、全体としては、損益の変動が抑えられることになる。いろいろなリスクをヘッジしたいというニーズは高まっているので、経済・社会のいろいろな動きに将来時点の支払額を依存させるような契約（これらは、デリバティブと総称されている）の取引も拡大している。

ただし、経済・社会のいろいろな動きといっても、全くの偶然によって結果が決まるような事情（例えば、さいころを振って出た目が偶数か奇数か）に支払額を依存させることになると、それは賭博ではないかという疑念が生じることになる。その取引を通じるリスクの移転によって経済厚生の純増が生じているか否かで、賭博でないかあるかは判断されるべきであるが、外形だけで見極めることは困難な場合も少なくない。

2　審査と履行確保

†事前における審査の必要性

前節でみたように、金融取引を通じて資金の移転を行うことには重要な社会的意義がある。しかし、いくら意義があるといっても、金融取引の実現は、それを支える仕組みや組織が整っていなければ決して容易なことではない。なお、これから述べるような金融取引の円滑な実現を支えるための仕組みや組織、さらにそれらに関わるルールや規制の総体を、一括して「金融制度」と呼ぶ。そして、金融制度とその金融制度の下で実現される各経済主体の行動パターンの連関を合わせたものを「金融システム」という。

お金を融通するとは、いうまでもなく、お金をあげる（贈与する）こととは全く違う。言い換えると、それは将来の見返りを期待して行われる行為である。その意味で、「将来時点でお金を提供するという約束」が（ある程度以上は）確かなものでなければ、金融取引は成り立たない。ところが、「約束」が確かなものかどうかが、最初から簡単に分かるということは例外的にしかあり得ないと考えられる。

資金の提供側からみて非常に有利な内容の約束であっても、それが守られることのないものであれば、そんな空約束と引き替えに資金を提供するわけにはいかない。換言すると、融通する側からみて将来しかるべき見返りが得られることが（ある程度以上は）確からしいと見込めることが、金融取引が円滑に成立するための必要条件になる。

しかしながら、約束を履行する能力の基礎となる事項（例えば、誰が有望な投資のチャンスに恵まれているのかや、投資をうまくやる能力をもっているのか）は、そうそう簡単に確かめられるものではない。かりに本人が、自分は投資のチャンスに恵まれ、その能力にも優れているといっていたとしても、それを信用してよいのかどうかは分からない。

もし、全く能力のないものに融通してしまったら、お金をどぶに捨てたも同じで、将来一切の見返り（返済）を受けられないかもしれない。また、たとえ有望な相手に融通し、その主体の行う投資が十分な成果をあげたとしても、見返りを受けるのは将来であり、そのときになると相手は見返りの提供を拒絶してしまうかもしれない。例えば、成果をもったまま、どこかに姿を消してしまうかもしれない。

こうしたおそれがある限りは、黒字主体は、易々とお金を融通しようとはしないであろう。逆に、本当は有望・有能で、見返りを提供する意思もしっかりとある赤字主体であっても、そのことを知ってもらえなければ、資金の融通を受けることはできないであろう。

以上のことから、金融取引が適切に実現されるためには、なによりも、赤字主体（資金の調達者）が約束する将来の見返りの内容が可能なものであるかどうかを黒字主体の側が確認し、その将来における履行が確保される見込みが立たなければならない。

約束された将来の見返りの内容が可能なものであるかどうかを確認するという作業は、審査あるいは信用調査といわれる。こうした審査のためには、資金調達者のもつ投資計画と投資能力の評価をはじめとして、その主体の所得見通しや資産保有の状態の確認などを必要とする。したがって、この種の作業は、費用（手間・暇など）を要するだけではなく、場合によっては、特殊な専門能力を不可欠とする。

このために、零細な個々の貯蓄者が自ら審査の作業に携わるということは、不可能に近く、かりに可能であったとしても、経済的に引き合うものではあり得ない。すなわち、その際の費用は、金融取引から期待できる利益を上回ってしまうことになろう。しかし、審査なしに、資金を融通してもよいと判断できるケースはごく限られている。

そこで、特定の組織が、本来的な資金提供者に代わって審査活動を代行し、専門化による能率の向上や規模の経済効果を生かして、できるだけ低コストで審査を可能にするという工夫が考えられる。そして、銀行や証券会社といった金融機関あるいは格付会社や証券取引所は、まさにこうした工夫を実現するための組織であるとみることができる。

審査もなしに、ただお金を手渡すだけであるならば、誰にでもできることであって、わざわざ金融機関に頼むまでもないことである。自分のお金の運用を金融機関に委託するのは、その金融機関が十分な審査をして資金を利用させる相手を選択してくれると期待するからこそである。それゆえ、コスト・パフォーマンスの高い優れた審査能力をもっているかどうかが、金融機関の存在意義を決めるといえる。

なお、自分で直接に資金運用を行う場合でも、格付会社や証券アナリストなどの専門家の評価が利用可能であれば、(それらの専門家が本当に信頼に足るのかという問題は残るもの の)運用先を審査する必要性は軽減(ないしは除去)されることになる。また、証券取引所に上場されている株式は、一定のスクリーニング(上場審査)を経たものであるという意味で信用度が高いといえる。

ただし、資金の調達者に対するチェックは、資金の融通を実行する前にだけ行えば、それで終わりということではない。金融取引は、資金の融通をしただけでは終わらない。約束された将来時点でのお金の提供が果たされてはじめて、取引は完了したことになる。このために、チェックの必要性は、取引の完了時までなくならない。

†事後における監視の必要性

資金を融通した後では、資金の提供者と調達者の利害は、ある意味で正反対のものとなる。見返りが大きいほど、資金提供者の利益は高まるが、資金調達者の利益は低下する。そして、逆は逆である。こうした利益の相反がある以上、何の裏付けもなしに必ず約束が守られると期待することはできない。

約束履行の実効を確保するための社会的な制度として、直ちに思いつくのは、司法・警察制度である。例えば、お金を借りた人間が約束通り返済を行わなかったら、その者を裁判に訴えて、制裁を求めるということが考えられる。そして、そうした可能性の存在は、確かにお金を借りた人間に約束を守らせる圧力となる。

けれども、裁判にはコストがかかるし、結果を得るまでに時間も要する。また、判決で自己の主張が正しいことが認められたとしても、見返りを確保できるとは限らない。相手に責任があることがかりに認められたとしても、現代社会では奴隷制は認められておらず、すべてを取り返せるわけではない。すなわち、その者が返済能力を失ってしまっていたら、それ以上強引に返済を求めることはできない（実質的な有限責任制の存在）。法律は、経済的利益そのものを保障するものではない。

こうした点からみて、経済的な取引の約束履行の実効確保をすべて司法や警察に求めるというのは、決して効率的なことではない。換言すると、経済取引の場合、司法・警察制度以外のもう少し別の仕組みによっても、約束履行の実効確保が図られている。

そうした代替的な仕組みとしてよく知られているものの一つに、評判（reputation）のメカニズムがある。すなわち、ある主体が約束を守らなかったならば、その主体は評判を失い、いわばブラック・リストに載せられることになる。そして、評判を失った（ブラック・リスト入りした）主体とは以後誰も取引しようとはしなくなるという仕組みである。

こうした事態が確実に予想され、しかも取引を続けることに利益が伴うならば、人々はできるだけ約束を守ろうとするであろう。約束を破ることによる一時的な利益よりも、評判を守ることによる長期的な利益の方が大きければ、強制しなくても約束は自発的に守られることになる。ただし、この仕組みが有効に機能するためには、ある主体がブラック・

リストに載っているかどうかをほとんどの者が知ることができなければならない。

この点で、評判に基づく実効確保の仕組みは、比較的に閉じた（クローズドな）集団の中で、繰り返し取引が行われるような状況において、有効に働くといえる。逆にいうと、常に新規の参入者がいて、取引に参加する者の顔ぶれが流動的であるような（集団がオープンな）状況や、一回限りの取引の比重が高い状況では、こうした仕組みの有効性は低下し、どうしても司法・警察制度的な仕組みに頼らざるを得ない面が強まる。

日本経済は、かつては評判に基づく実効確保の仕組みに依拠するところが大きかった。しかし、経済のグローバル化の進展に伴って、取引参加者のオープン化が進行していることから、わが国においても法制度面の整備が一層求められるようになってきている。もっとも、そうではあっても、長期的に経済活動を続けていこうとする者にとって評判が大切であることには、いまも昔も決して変わりはない。

他方、取引の継続を拒絶することは、拒絶される側だけでなく、拒絶する側にも損失をもたらす面をもっている。それゆえ、契約の不履行が不可抗力によるものか否かを確かめられた方が望ましい。やむを得ない事情が認められた場合には、評判を維持させて取引を続けた方が、お互いに有利なことも考えられるからである。

また、契約の不履行が予想される場合には、可能であれば、取引の途中でも取引を停止した方が損失が少なくて済むかもしれない。こうした判断をするためには、取引相手の状態や行動を監視していることが必要になる。あるいは、法的手段に訴える場合にも、相手の契約違反の事実について立証しなければならないので、そのためには取引相手の状態や行動を監視していることがやはり必要になる。

これらのことから、金融取引において、資金の融通を受けた主体の状況を監視することは、資金提供者の利益を保全するために、ほとんどの場合に不可欠である。しかし、こうした監視（および監視の結果に基づいて、契約違反が認められた場合には、適切な対抗措置をとる）という活動は、審査の作業と同様に、費用と専門能力を要するものである。したがって、先と同じ理由で、監視の作業も、金融機関という専門的な組織に委託することが効率的であるといえる。

なお、金融機関が資金調達者を監視（モニター）するのは、直接的には資金提供者の利益を守るためであるが、そのことは、資金調達者にとっても望ましいと考えられる。というのは、そうした監視が行われないならば、資金提供者は自己の利益に反する行動を資金調達者がとるのではないかという疑心暗鬼に陥り、資金提供そのものを拒否してしまうかもしれないからである。金融機関によるモニタリングは、資金調達者にとって、自己の潔白を証明する手立て（これを「ボンド」ともいう）ともなり得るのである。

なお、以上述べてきた審査・監視活動を通じて金融機関が遂行している役割は、金融機関の働き（金融仲介機能）のうちで、とくに「情報生産機能」と呼ばれている。

†公募発行と私募発行

右に述べた金融取引にあたっての審査や監視の必要性の度合は、すべての資金調達者について同じではない。その必要性が低い主体も、逆にその必要性が高い主体もあり得る。例えば、中央政府（国）や超一流とされる大企業などは、金融取引以外の活動を通じてほとんどの資金提供者によく知られている。こうした主体が資金調達者となるケースでは、事前に審査を行う必要性はかなり低いといえる。また、この種の主体がデフォルトを起こすおそれも少ないとみられるので、事後の監視の必要性もかなり低いといえる。

加えて中央政府や大企業が必要とする資金の量は、巨額に及ぶことが通例である。こうした場合には、多くの主体から資金を調達する必要がある。すなわち、これらの主体が資金調達を行うケースでは、多くの主体と取引することを可能にする条件（広く知られている、このことを「市場でのネームがある」という）とその必要性がともに揃っている。

こうしたときには、資金提供に対する将来の見返りの約束を一定単位ごとに分割した「券」として必要な枚数だけ発行し、その券を購入してもらうというかたちで資金提供を受けるという方式がとられることがある。ここでいう資金調達のための券の実例としては、国債や株式、社債などがあげられる。以下、こうした券を「証券」と総称する。

不特定多数の主体に対して証券を売り出すというかたちで資金調達を行う場合を、公募発行という。これに対して、あらかじめ限られた特定の主体に対してのみ証券を売却するかたちで資金調達が行われる場合を、私募（あるいは縁故）発行という。公募発行が可能であるためには、発行者の市場でのネームがしっかりと確立していなければならない。しかし、何もしなくても、多くの主体が資金提供に応じてもよいと考えるような主体は、ごく例外的にしか存在していない。いかに有名な企業であったとしても、それだけで無条件に信頼できるということにはならない。審査や監視の必要性が低いというだけで、それらの必要性が全くないということではない。

換言すると、この場合にも、金融機関等の役割が厳として存在している。具体的には、証券会社や格付会社と呼ばれるタイプの組織が、証券発行に際しては審査や監視の機能を果たしている。証券会社は、証券発行に先立って「引き受け審査」と呼ばれるチェックを行っている。審査の結果いかんによっては、証券の売り出しを引き受けることを拒否したり、発行条件の変更を要求することになる。

また、格付会社は、発行される証券について、その約束が不履行になる可能性に関する情報をAAAやBBといった分かりやすい指標（格付）のかたちで、一般の証券の買い手（投資家とも呼ばれる）に提供している。格付会社は、継続的に監視を続けており、特定の証券の格付は途中で変更（格下げ、あるいは格上げ）されることもある。

これらに加えて重要であるのは、法律や規制を通じて、証券を発行しようとする主体に対して課されている情報開示（ディスクロージャー）の義務である。わが国の場合であれば、金融商品取引法によって、証券発行に際して届け出や一定の情報開示が義務づけられている。こうした情報開示の制度がしっかりしたものであれば、将来の見返りを提供する能力が怪しいのに、それを偽って証券を発行するといった事態は排除できる。

他方、市場でのネームの確立が不十分であるような主体は、公募発行が難しいために、私募発行を選ぶことになる。私募発行に応じる投資家は、発行者と特別な（縁故）関係にあって発行者のことをよく知っているか、評価能力の高いプロの投資家（機関投資家と呼ばれる一種の金融機関）に限られることになる。

なお、市場でのネームの確立した主体であっても、前述の情報開示の義務を回避するために、あえて私募発行を選ぶ場合がある。評価能力の高いプロの投資家だけを対象にして証券を売り出す場合には、不特定多数の投資家相手に売り出す場合に比べて、情報開示に関する規制は緩やかであるのが一般的である。

3　金融取引の様式

†相対取引と市場取引

　他方、金融取引にあたっての審査や監視の必要性の度合がきわめて高い主体が資金調達者となるケースでは、証券発行というかたちをとることは難しい。こうした一般の投資家にはほとんど知られていない、あるいは一般の投資家に評価することが著しく困難な主体（例えば、中小企業や個人など）は、格別な審査や監視の能力をもった主体（すなわち、金融機関）と相対《あいたい》で取引をするしかない。

　この種の「相対取引」の典型例が、銀行貸出である。銀行は、資金調達を望む主体を個々に審査し、一定の基準に達していると判断した場合にのみ資金提供（貸出）を行う。そして、貸出を実行した後も、その主体に対する監視を続ける。貸出先の企業に対して、銀行員は定期的に訪問（し、状況を確認）するのが通例である。

　資金調達者からみると、銀行借入（貸出）の場合には、当該の銀行に対してのみ自己の情報を開示し、説得すればよい。他方、証券発行の場合には、より広い範囲の主体に情報を開示し、説得しなければならない。一人を説得する方が、多数を説得するよりも、コストは少なくて済むはずである。

こうした理由で、審査や監視の必要性が大きく、それらに要する費用を節約することが重要であるケースでは、銀行をはじめとした金融機関との相対取引が選好されることになる。なお、審査や監視の費用は、直接的には資金提供者の側が支出するものであるとしても、資金調達条件（金利など）に織り込まれることで、その負担のほとんど（少なくとも一部）は資金調達者に転嫁・帰着すると考えられる。

ただし、相対取引の場合には、その資金調達者の将来時点でお金を提供するという約束がどの程度確かなものであるかは、第三者には分からない。したがって、相対取引で行われた資金調達者の約束（銀行貸出の場合には、そうした約束は借用証書・手形などの具体的な姿をとっている）を途中で転売するということは、難しい。買い手からみれば、内容のよく分からないものを買うわけにはいかないからである。

したがって、銀行貸出は、満期（最終的な返済期日）が来るまで、貸出を実行した銀行が保有し続けるのがふつうである。すなわち、銀行貸出には、それを満期前に転売するような市場（これを流通市場という）は存在しない（ただし、近年になって、貸出債権譲渡と呼ばれる動きが盛んになってきている。この点については第6章で後述する）。

ところが、先に述べた公募発行された証券の場合には、転売（譲渡）を可能にする条件が整っている。公募発行できるための必要条件は、広範な投資家によって、その証券が表章している将来時点での見返り提供の約束の確かさが知られているということであった。この条件が満たされているのであれば、それを途中で買ってもよいという投資家が見出せると期待してもよいことになる。

このために、公募発行されている証券に関しては、それらを満期前に転売する活発な流通市場が存在している場合がある。証券は、一般の商品とは異なって、新しい方が古いものよりもよいとは限らない。昔に発行された証券であっても、新しく発行された証券よりも、それが約束している将来の見返りが多いか、より確かなものであれば、その方が投資家からみて優れているといえる。それゆえ、新規発行の証券よりも、すでに発行済みの証券を他の投資家から譲り受けたいと考える投資家がいて、何の不思議もない。

証券の流通市場における取引は、多くの参加者（投資家）が転売の価格（これを流通価格という）を基準に売買を行うというものであり、経済学で通常想定されている市場取引のイメージにまさに一致するものである。そこで、先の相対取引と対比して、こうしたかたちの取引を狭義に「市場取引」ということがある。

†直接金融と間接金融

金融取引にあたって、資金調達者と資金提供者は、それぞれに固有の選好（ニーズ）をもっている。

例えば、リスクを伴う投資プロジェクトを実施するために資金を調達しようとしている起業家であれば、資金提供に対する見返りを投資の成果に全面的に依存したものとするような契約を結んで、そのリスクの大半を資金提供者に負担してもらえれば望ましいと思うに違いない。しかし、資金提供者が小口の資金を運用しようとしている個人であれば、そうしたリスク負担を受け入れたいとは考えないであろう。

また、資金を融通する期間の長さに関しても、資金調達者と資金提供者の間では選好に大きな相違がみられる可能性が高い。すなわち、資金調達者の側は長期にわたる資金の調達を望んでいるのに対して、資金提供者の側は短期的にしか資金を提供する意図がないといった場合は、決して珍しいことではない。

こうした両者の選好ギャップの一部は、一般の商品のケースと同様に、価格によって調整されることになる。すなわち、資金調達者が資金提供者により大きなリスクを負担させたければ、（期待値でみて）より高いリターン（報酬）の支払いを約束しなければならない。

リスク負担の代償として十分なリターンが保証されるならば、資金提供者はリスク負担の受け入れに同意するであろう。あるいは、そんなに高いリターンを支払わねばならないのなら、資金調達者はリスク負担の資金提供者への転嫁を断念するかもしれない。

同様に、長期資金の需要ばかりが増えれば、長期金利が上昇し、短期資金の供給ばかりが増えれば、短期金利は低下しよう。すると、長期の資金需要は抑制され、短期の資金需要が増加することになる。あるいは、長期の資金供給が促進され、短期の資金供給は低下することになる。

こうした価格調整の結果、資金調達者と資金提供者の間の要求条件の一致が達成されれば、取引が実現されることになる。金融機関が様々なサポート（情報の提供など）をするとしても、基本的には価格調整メカニズムに従って、赤字主体と黒字主体の間で直接に金融取引が行われるケースを「直接金融」という。

ところが、金融取引の場合には、資金調達者と資金提供者の間の選好ギャップは、そのすべてが価格調整だけによって解消されるのではなく、両者の間に金融機関が介在することによって埋められるケースが多い。すなわち、金融機関が、黒字主体からその選好にかなうような条件で資金を調達し、その資金を赤字主体の選好にかなうような条件で提供するという方式がとられることが多い。

このように黒字主体と金融機関が契約を結び、金融機関と赤字主体が契約を結ぶというかたちで、間接的に黒字主体から赤字主体に資金が流れる場合を「間接金融」という。間接金融の典型的な例は、銀行が預金で資金を集め、貸出を行うといったケースである。間接金融の場合、赤字主体が約束した将来の見返りを表章する証券なり、借用証書なりが、黒字主体に直接手渡されるのではなく、黒字主体に渡されるのは、あくまでも金融機関の将来時点でのお金の提供についての約束（を表章した預金証書など）である。

この点で、金融機関が資金調達者からその者に都合のよい金融商品を受け取り、資金提供者にはその者に都合のよい金融商品を受け渡し、選好ギャップを埋めるという働きは、「資産変換機能」と呼ばれている。ここでいう資産とは金融商品の意味で、資産変換とは金融商品の種類を変えているということである。金融機関の働き（金融仲介機能）は、大きくは、この「資産変換機能」と先述した「情報生産機能」の二つからなる。

もちろん、金融機関が黒字主体と赤字主体の双方に対して、それぞれに都合のよい契約を提供してくれれば、確かにこれらの主体間の選好ギャップは埋められることになるが、金融機関自身は、両者の板挟みになって、大変に困ったことになりかねない。そうだとすると、いかにして金融機関は資産変換機能を遂行しているのであろうか。

これは当然の疑問であるが、この点に関する説明は、リスク管理という問題と密接に関連しているので、第6章で改めて行うことにしたい。

†市場型間接金融

従来のわが国ではもっぱら相対取引が中心で、それゆえ資金の流れは、圧倒的に金融機関を通じる間接金融の形態をとっていた。しかし近年では、市場取引も拡大の傾向をみせるようになっているとともに、市場型の金融取引を拡大させることは、日本経済の発展段階を考慮すると、多くの理由（そのうちのいくつかについては、本書の中で後述する）から望ましいことでもあると判断される。

ただし、市場型の金融取引が拡大しているということは、必ずしも間接金融中心から直接金融中心に移行しているということではない。というのは、マーケットに参加して取引をしているのは、最終的な資金調達者（赤字主体）や最終的な資金運用者（黒字主体）であるとは限らず、金融機関である場合がむしろ多いからである。

金融取引やそれに関わる技術は、年々、高度化し複雑になってきている。そうした中で、企業や家計が文字通りに「直接に」マーケットで出会って取引を行うというのは、決して望ましいやり方だとはいえなくなってきている。換言すると、市場での取引も専門的な組織に代わってやってもらった方が効率的である場合が少なくない。そして、最終的な資金

図表1－3　金融仲介の概念図

（矢印は、金融手段の流れ）

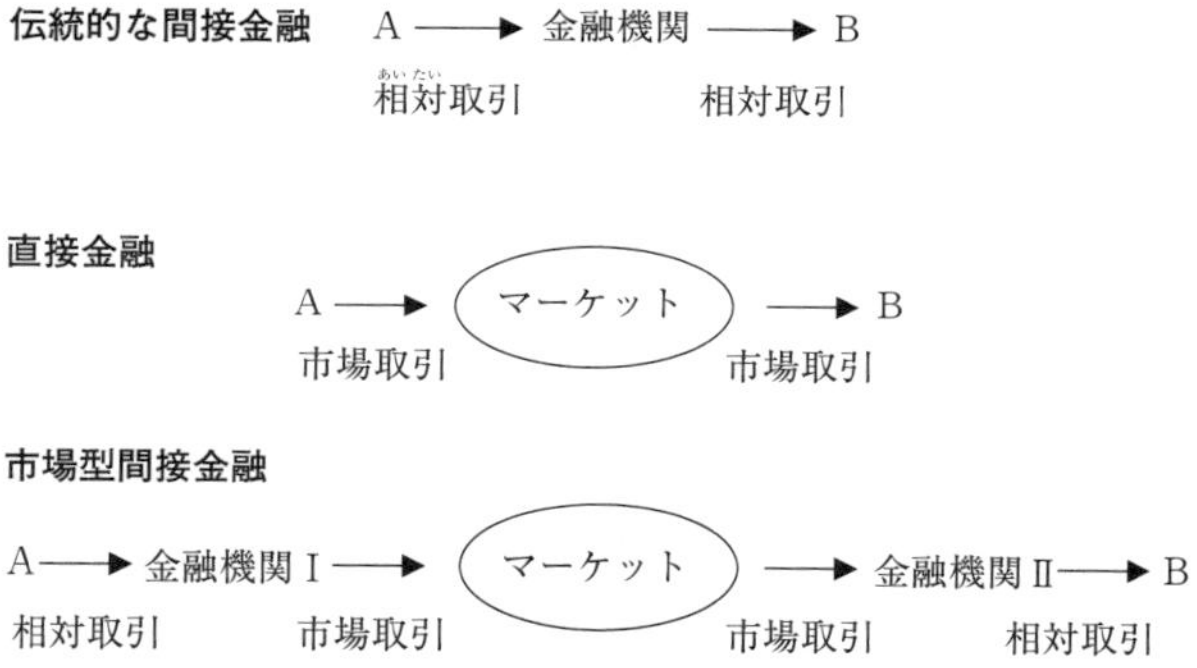

調達者と最終的な資金運用者をダイレクトに金融機関がつなぐ伝統的な間接金融に対して、つなぐ片側が市場であるような間接金融を「市場型間接金融」と呼ぶことができる。

市場型間接金融には、最終的な資金調達者と市場をつなぐタイプのものと、市場と最終的な資金運用者をつなぐタイプのものとの二種類が基本形として考えられる。前者のタイプの担い手は、市場から資金を調達して貸出を行うような金融機関（ファイナンス・カンパニー、日本風にいうとノンバンク）であり、第6章で説明する証券化は、最終的な資金調達者と市場をつなぐプロセスを支える基本技術であるといえる。後者のタイプの担い手は、投資信託をはじめとした各種のファンドである。

これら二つのタイプの市場型間接金融の担い

手がマーケットで出会って取引を行うことになれば、最終的な資金運用者から最終的な資金調達者につながる資金の流れのチャネルができあがることになる。これを「市場型間接金融チャネル」と呼ぶ。市場型の金融取引の拡大というのは、実際には、この市場型間接金融チャネルが大きくなってきているということにほかならない。

なお、市場取引が健全に拡大・発展していくためには、それを支える制度面その他（これを「市場インフラ」と呼ぶ）における整備の努力が不可欠である。単に市場に任せておけばうまくいくといったような気軽な話ではない。一定の要件が満たされていなければ、市場機構はうまく機能しないというのが、経済学の基本認識である。冷戦の崩壊後に、旧社会主義諸国が計画経済から市場経済に移行しようとした際に経験された困難は、こうした基本認識を現代においても再確認させるものとなった。

一般に市場は、放っておいても（あるいは、多少抑圧されても）出現してくるような生命力の強さをもっている。しかし、何もしない中で出現する市場は、いわば「闇市」的なものであって、本来の市場機構のもつ「良さ」を十全に発揮できるものではあり得ない。市場機構が本来の力を発揮できるためには、ジョン・マクミラン（『市場を創る——バザールからネット取引まで』NTT出版、二〇〇七年刊）の整理に従えば、

①情報が円滑に流れること

②財産権が保護されていること
③人々が約束を守ると信頼して差し支えないこと
④第三者に対する副次的影響が抑えられていること
⑤競争が促進されていること

といった条件が満たされている必要がある。

これらの条件は、常に自動的に満たされるというものではない。条件充足が比較的容易な状況もあれば、逆にきわめて困難な状況もある。また、条件充足のためには、意識的な努力が不可欠な場合も少なくない。というよりも、制度整備等の積極的努力を続けることではじめて、本当の意味での市場取引が可能な領域が拡大すると考えられる。そして、金融取引は、とくにこうしたことが強く当てはまる領域であるといえる。

日本においては、残念ながら、マクミランのいう五条件を満たした質の高い市場の成立を可能とするような市場インフラがまだまだ全般に十分に形成されているとはいい難いところがある。そのために、わが国における市場の質は総じていって低く、そのことが市場経済に対する人々の信頼を低下させるという悪循環に陥っている面がある。わが国でしばしばみられる市場(原理)主義批判は、こうした悪循環の象徴だともいえる。

市場(原理)主義批判には、市場経済を否定してみせても、それに代わる真っ当な代替案を提示したものはない。二十世紀の前半に、市場経済は欠陥の大きな仕組みだということから、それに代わるものとして計画経済や統制経済が試みられたが、さらに悲惨な結果に終わったことを忘れてはならない。すなわち、市場経済は問題の多いものだとしても、それに取って代われるものはないという冷徹な認識をもたなければならない。

それゆえ、市場経済であることが問題なのではなく、その質が低いことが問題なのだと理解すべきである。そして、市場経済の質を高めることを目指すべきである。この意味で、日本経済が真に成熟した市場経済への脱皮を図っていくためにも、制度整備の持続的な努力が必要である。金融面でのこうした努力は、一般には「金融制度改革」とか「金融システム改革」とか呼ばれている。

第２章
銀行システム

1　決済機構と貨幣

†決済手段とは

　ある主体が資金調達のために発行する、将来の見返り提供の約束を表章した証書は、既述のように「金融商品」とか「金融手段」と呼ばれる（発行者の立場からは「金融負債」、保有者の立場からは「金融資産」とも呼ばれる）。こうした金融商品は、特定の観点からは二つのグループに分けられる。この特定の観点とは、その金融商品が直接に「決済手段」として用いることができるかどうか（決済手段か、非決済手段か）というものである。

　財やサービスの購入を行ったら、支払いをしなければならない。ただし、財やサービスの受け渡しと同時に支払いを行う場合もあれば、後から遅れて支払いを行うこともある。支払いが遅行する場合には、支払いが実行されるまでの間、財やサービスの売り手と買い手の間に債権・債務（貸し借りの）関係が発生することになる。すなわち、このとき売り手が債権（貸し）をもち、買い手が債務（借り）を負うことになる。

受け渡しと同時に支払いを行う場合には、その支払い手段は「交換手段」とも呼ばれる。これに対して、後から支払いを行うときにも用いることができ、その受け渡しによって債権・債務関係が清算された、あるいは取引が完了したと社会的に承認される(完了性をもたらす)支払い手段は、「決済手段」とも呼ばれる。決済手段とは、貨幣(マネー)のことを意味する経済学独特の用語であると理解してもらえばよい。

現代の日本社会において、最も厳密な意味で決済手段として認められているのは、法的に強制通用力を与えられた法貨(legal tender)たる日本銀行券(と制限された範囲で政府補助貨幣、いわゆる硬貨)のみである。逆に、日本銀行以外の主体が紙幣類似のものを発行することは、法律で厳しく禁止されている。

しかし、任意の時点であらかじめ定められた比率で法貨との交換が保証されている金融商品は、事実上の決済手段としての社会的承認を得ることがある。というのは、常に法貨との交換が可能であるならば、逆説的に、法貨との交換を実際に行う必要は少なく、その金融商品を直接に受け渡しすることで決済が終わったとみなして全く不都合はないからである。そうしたものの代表が、銀行が提供している要求払い預金(当座預金や普通預金など)である。

要求払い預金が決済手段として使用される場合、顧客は、小切手の発行あるいは銀行の店舗にある端末（ATM等）を操作することなどを通じて、自己の預金口座から一定額を受取人の預金口座に移転するように銀行に指図を行う（例えば、銀行振込で通信販売の代金を支払うケースをイメージされたい）。

このとき、もし受取人の預金口座が同一の銀行内にあるならば、その銀行は行内での事務処理によって指図内容を実行することができる。ただし、この場合でも、同一支店内に預金口座が存在しているのでない限り、本支店間をつなぐ事務処理のためのネットワーク・システムが必要になる。

他方、両者の預金口座が異なった銀行に設けられている場合には、それらの銀行間をつなぐネットワーク・システムが存在していない限り、指図内容を実行することはできない。逆にいうと、銀行が他の銀行とネットワーク関係を結ぶことによってはじめて、銀行預金は決済手段として十全に機能するものとなり得る。

現在のわが国では、こうした銀行間のネットワーク・システムがきわめて整備されたかたちで存在しており、要求払い預金の受け渡しは、低コストで迅速かつ安全に行えるようになっている。そのために、要求払い預金は、とくに大口や遠隔地間の取引では、銀行券以上に便利な決済手段として用いられている。

いかなる金融商品であれ、一般に受け入れられ（最終的には法的な承認を受けられ）れば、決済手段となることができる。すなわち、決済手段と非決済手段の間に、超歴史的な区別が存在するわけではない。しかし、特定の金融商品が決済手段として一般に受け入れられるようになるためには、要求払い預金のように、その金融商品の受け渡しが低コストで迅速かつ安全に行えることが、不可欠の前提になると考えられる。

こうした前提は、自然に満たされるものではなく、そのための一定の機構（システム）が存在して、はじめて充足されるものである。例えば、銀行の要求払い預金についても、それを明確に決済手段とみなせるようになったのは、それほど古いことではない。現在のような銀行間のネットワーク・システムが全国規模で確立するまでは、流通現金（日本銀行券）のみが決済手段としての実体を唯一もつものであった。すなわち、それ以前の銀行預金は、貯蓄手段ではあっても、真に決済手段たり得るものではなかった。

この決済手段の受け渡しに関わる機構が、決済機構（「決済システム」ともいう）である。そして、決済機構がどのような姿をとり、結果としてどのような資産が決済手段としてもっぱら用いられることになるかは、その時期のその国における取引の慣行や利用可能な技術の内容を反映して決まるものである。現行の要求払い預金を決済手段としている決済機構も、その例外ではなく、一定の技術的基盤の上に成立したものである。換言すると、技術的基盤に変化があったときには、決済機構のあり方にも強い影響が及ぶことが予想される。

†決済機構の現状

右のように現行のわが国の決済機構も、一つの歴史的所産にほかならないことを確認した上で、まずごく簡単に現在のそれが拠って立つ原理を確認しておこう。現行の決済機構の基本的な仕組みは、「顧客と顧客の間の債権・債務関係」を「銀行と銀行の間の債権・債務関係」に置き換え、その上で、銀行間の債権・債務関係については個別的に決済するのではなく、一定期間集積し、そのネットの値だけを決済するというものである。

これだけ聞くと、かなり複雑であるように思われるかもしれないが、その原理は、次のような例を考えれば容易に理解できよう。すなわち、AがBに対して債務を負っており、支払いをしなければならない場合を考えてみよう。そして、Aの取引銀行はX行であり、Bの取引銀行はY行であるとしよう（図表2－1を参照されたい）。

このとき、決済は、典型的には次のようなプロセスで行われることになる。①AがX行にBへの送金を指図する。②X行はY行に自行に代わってBに支払うように依頼するメッセージを送る。③BはY行から支払いを受ける。この①〜③の過程の結果、当初存在したAとBの間の債権・債務関係は消滅し、代理して支払いを行ったY行に対してX行が支払

図表2－1　銀行間の資金決済の仕組み

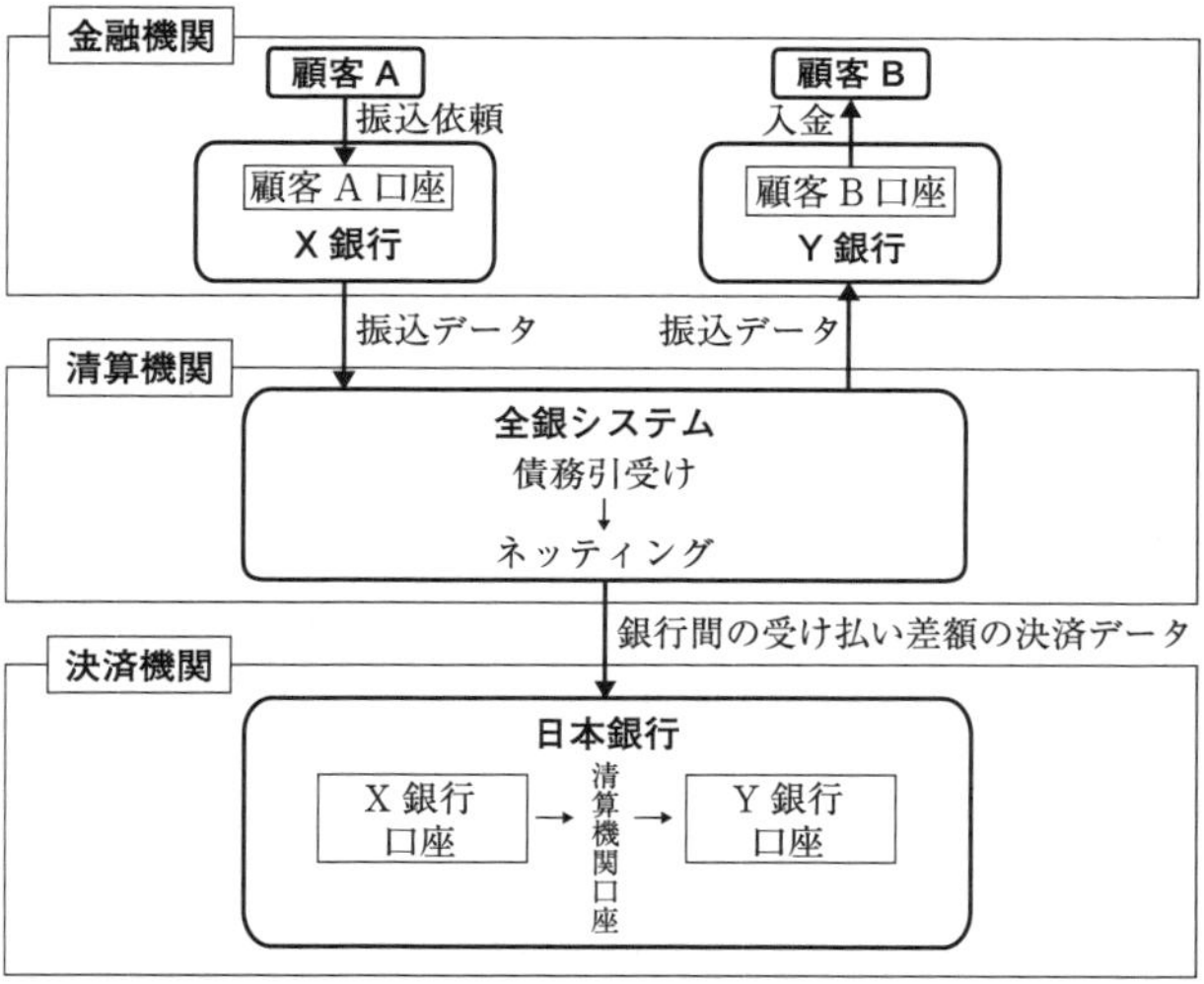

い義務を負うという新しい債権・債務関係が生まれることになる。

銀行間のこうしたやり取りは、一日の間だけでも何回となく行われるものであり、そのうちには、先の例とは逆にY行がX行に代理の支払いを依頼するケースも含まれることになる。したがって、銀行間では、一件ごとに清算を行うのではなく、一定期間分の差額についてのみ支払いを行う方が効率的となる。これが「時点ネット決済方式」と呼ばれる現行の決済機構の拠って立つ原理である。

こうした時点ネット決済方式が可能になるためには、銀行間での

①送金データを通信・処理する（メッセージの交換）システムと、②実際の資金の受け渡しを行うシステムの両者が必要になる。このうち①の部分は、わが国の場合には、手形交換所制度と全銀システム（全国銀行データ通信システム）が中心となっている。

歴史の古い手形交換所制度に対して、全銀システムは、一九七三年四月に発足したオンライン処理システムである。発足後、取扱いデータ量の増加等に対応するための処理能力の増強を数次にわたって実施しており、現在は第五次システムが稼働しているが、引き続き第六次システムの準備が二〇一一年十一月からの稼働を目途に進められている。現在では手形交換所もその処理の機械化が著しく進んでいるけれども、取扱い件数・金額では、全銀システムが手形交換所を遥かに陵駕している。

また、②の部分は、日本銀行が各民間銀行の保有する中央銀行当座預金の振替を行うことによって処理されている。すなわち、日本の金融機関のほとんどは日本銀行に預金口座をもち、その口座間で実際の資金の受け渡しが行われる仕組みになっている。この部分についても、一九八八年秋からは日銀ネット（日本銀行金融ネットワークシステム）の稼働にともない、オンライン化が実現している。

また、顧客と銀行の間のやり取りに関しては、伝統的には、小切手や店頭での申し込みを主な手段としていたが、最近では携帯電話やインターネットを利用したリモート・バンキングも広く普及してきている。銀行の店舗でのやり取りも、行員による対応に加えて、現金自動支払機（CD）・同受け払い機（ATM）による自動化が一般化している。

CD・ATMに関しては、複数の金融機関にわたる相互接続が実現しており、全国規模の業態別のネットワークや地域別の業態を超えたネットワークの成立をみている。とくに一九九〇年になって業態間の中継センターであるMICSシステムが完成したことに伴い、すべての民間金融機関のCD・ATM網間での相互利用が実質的に実現した。また、郵便貯金のネットワークと民間金融機関のそれに関しても、これまで接続されていなかったけれども、最近ようやく相互接続が実現した。

なお、決済機能のあり方は、それまでの慣行といったものからも強い影響を受ける。例えば、わが国では近年いわゆる「電子マネー」（IC利用の汎用性の高いプリペイドカード）の普及が著しいが、欧米諸国では電子マネーはあまり普及しておらず、代わりにデビット・カード（銀行のキャッシュ・カードによる支払い）が盛んに用いられるようになっている。逆に日本では、デビット・カードの利用はそれほど普及していない。

これは、小口決済においては現金がもっぱら用いられてきたという意味でわが国が現金社会であったのに対して、欧米諸国では個人小切手が広く利用されてきたという歴史的背景の違いによるところが大きいと考えられる。現金→電子マネー、個人小切手→デビット・カードというのは、それぞれ自然な進化として慣行上受け入れられやすいといえる。

†システミック・リスク

わが国の決済機構の現状は、その仕組みの原理自体は従来と同一のものであり続けているけれども、この間の情報処理・通信技術（ICT）の長足の進歩を受けて、その具体的な手立てについては電子化され、日々進化してきているといえる。そして、こうした進化に伴う利便性の向上は、利用の著増をもたらしている。

しかし、銀行間の債権・債務関係を一定期間集積し、一回ごとに決済することはない現行の仕組みの下では、取扱高の増大は、決済前に集積される銀行間の債権・債務額についても増大させることになる。この事実は、システミック・リスクと呼ばれる問題に対する懸念を増大させている。システミック・リスクとは、システムに参加しているある主体が支払い不能に陥った場合に、それが他の主体の支払い不能を誘発するという連鎖反応が生じ、システム全体の混乱がもたらされるというリスクのことである。

すなわち、銀行間の債権・債務額が巨額なものに膨れあがっているほど、一銀行の支払い不能が他行に与える損害は大きくなりがちであり、損害を受けた銀行がそれを吸収しきれずに、再び支払い不能に陥る蓋然性は高くなる。また、決済機構の利用が増大している

図表 2－2　全国銀行内国為替制度（全銀システム）の取扱高の推移

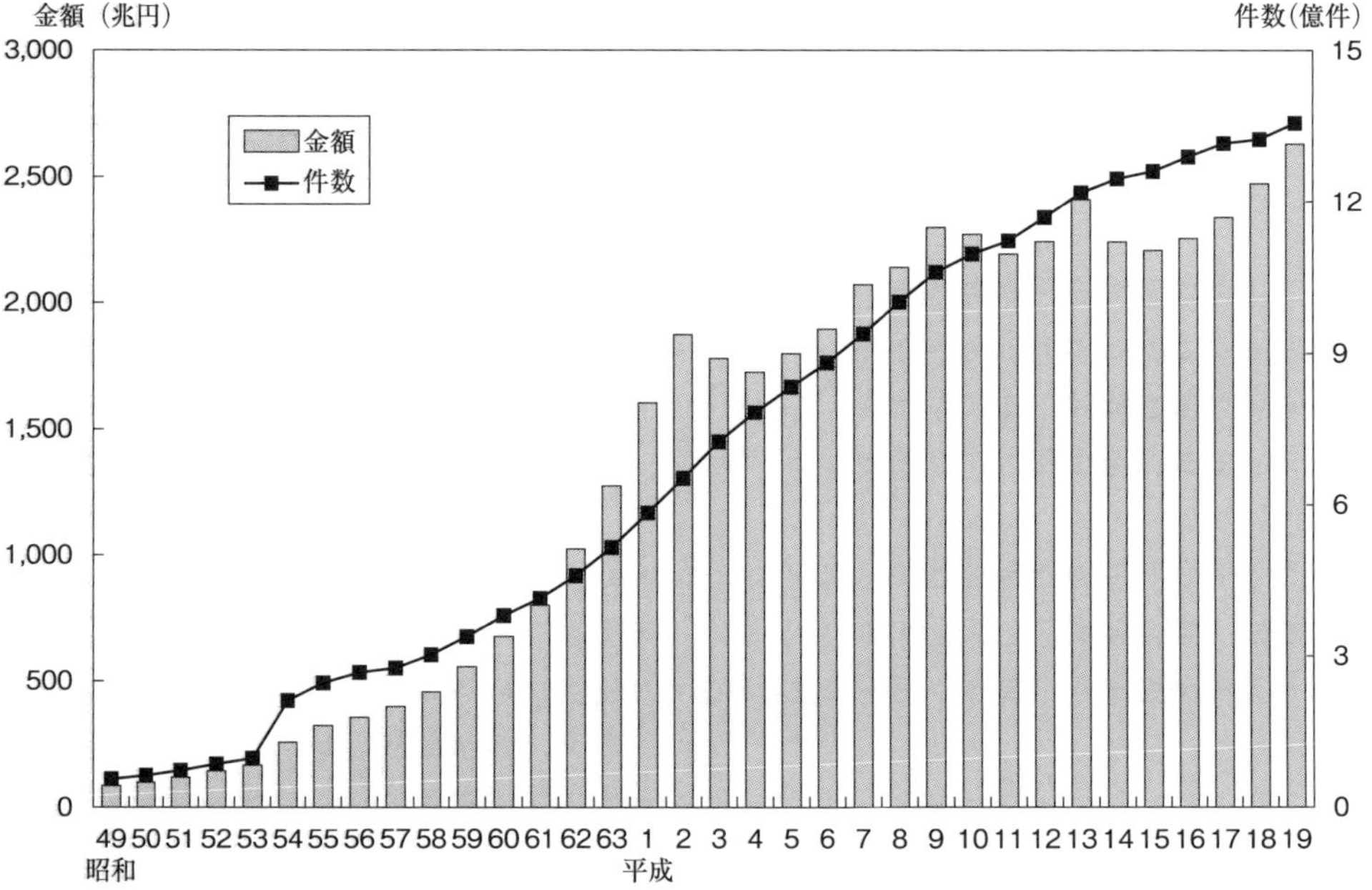

（注）取扱金額・件数は年間の他行為替取扱高
出所：全国銀行協会「決済統計年報」

ほど、それが機能麻痺に陥ったときに社会に与える損失は大きなものになると考えられる。便利であり、それゆえよく利用されているシステムほど、停止したときにもたらされる混乱は著しいものとなりがちである。

それゆえ、特定の銀行が負うことのできる純債務額に上限を設けて、上限を上回るような取引は認めない措置（仕向超過額管理制度）の導入や、資金決済の同日決済化（取引当日の午後四時十五分）の実施等の種々のシステミック・リスク対策がわが国でもとられるようになっている。

しかし、ある意味で最も根本的なシステミック・リスク対策は、銀行間で債権・債務関係が積み上がることそのものを回避することである。このためには、決済機構の原理そのものを変更し、「即時グロス決済（RTGS）方式」を導入することが考えられる。RTGS方式とは、一回ごとにリアルタイムで決済して、銀行間で債権・債務関係が積み上がることを回避する方式を意味する。

こうしたRTGS方式の導入は、他の先進諸国に比べてわが国では遅れていたが、二〇〇一年一月から日銀ネットのRTGS化が実施された。これに伴って、金融機関間の（短期金融市場での貸し借りなどによる）大口資金のやり取りや国債の決済については、一定期間の差額ではなく、一件ごとに決済されるようになった。さらに日銀ネットのRTGS化に合わせて、特定の金融機関が決済金額を支払えなくなった場合に備えて、決済金額の支払いを制度的に保証する仕組みの導入などの制度整備が図られている。

なお、RTGSは、システミック・リスクの削減にはきわめて有効であるけれども、コストを伴わないものではない。具体的には、時点ネット決済方式に比べて即時グロス決済方式の場合には、（すぐに決済資金を用意しなければならないので）金融機関にとっての資金繰りの負担は重くなる。こうしたコストを軽減すべく、流動性節約機能をもった次世代RTGSの日銀ネットにおける導入などの取り組みが引き続き進められている。

2 信用創造のメカニズム

†まず信用ありき

以上のような決済機構が存在していることから、既述のように、銀行の提供する要求払い預金は、それ自体が決済手段（すなわち、貨幣）として使えるものとなっている。このために、銀行は「信用創造」と呼ばれる特殊な機能をもつことになる。信用創造機能とは、貯蓄の形成を先取りするかたちで、先行して資金の貸付を行う働きのことである。

銀行が貸出を行う場合、窓口で現金を手渡すのではなく、貸出金をその銀行に設けられた借り手の預金口座に振り込むかたちをとる。すなわち、銀行からみれば、貸出とは、直ちには貸出額に相当する数字を預金口座に記入することに過ぎない。したがって、この限りでは紙とインクさえあれば、銀行は、いくらでも貸出を実行できることになる（もっとも現代では、銀行の元帳は、実際には紙ではなく、電子的に管理されている）。

これは、銀行とそれ以外の主体との決定的な相違点である。銀行以外の主体は、その発行する金融商品が決済手段としては直接に使えないために、まず資金を確保していなければ資金の提供を行うことはできない。ところが、銀行はそうではない。ただ金融商品を発行し、それを提供すれば、貸付を行えるのである。

もちろん、借り手は、預金口座に記入された数字を楽しむために借り入れたのではないから、その預金は直ちに支払いにあてられるであろう。しかし、支払いが預金振替のかたちをとる限りは、預金口座の間の転記が生じるに過ぎない。転記が異なった銀行間で行われた場合には、個々の銀行レベルでは資金過不足が発生することになるが、そうした資金過不足は、銀行相互間の貸借によって調整可能なものに過ぎない。

それゆえ、まだこの段階では、少なくとも銀行部門全体としては、紙とインクさえあれば貸出を実行できるという事情に変わりはない。預金が払い戻され、実際に現金との交換が請求される段階になってはじめて、銀行は現金準備を必要とするのである。だが、通常その額は、当初の貸出金のごく一部でしかない。

というのは、非銀行部門にとって、預金は決済手段であると同時に貯蓄手段であるために、銀行の貸出金の大部分は、現金への交換を求められることなく、いずれかの主体によって預金（定期預金を含む）の形態のまま保有されることになるからである。そのため、銀行は手持ちの現金準備の何倍もの貸出を行うことができる。これが、信用創造と呼ばれる現象にほかならない。

いま、銀行が一単位の新規の資金を受け入れたとしよう。この銀行は、この追加資金を貸出に運用することができるが、上述の事情からその大部分は直接・間接に預金として銀行部門内部に歩留ることになる。その預金歩留り率を α とすれば、$1-\alpha$ が銀行部門からの現金流出率を表すことになる。さらに、預金準備率を β とすれば、歩留った預金に対する支払い準備として、銀行は $\alpha\beta$ だけを留保しなければならない（銀行には、集めた預金額の一定の割合を準備預金として積み立てることが法的に義務づけられている。また、かりにそうした義務づけがなかったとしても、一定の現金準備は業務の遂行上不可欠である）。

このことから、貸出一単位に対して銀行が必要とする現金と準備の合計は、$1-\alpha+\alpha\beta$

図表2－3　信用創造のしくみ

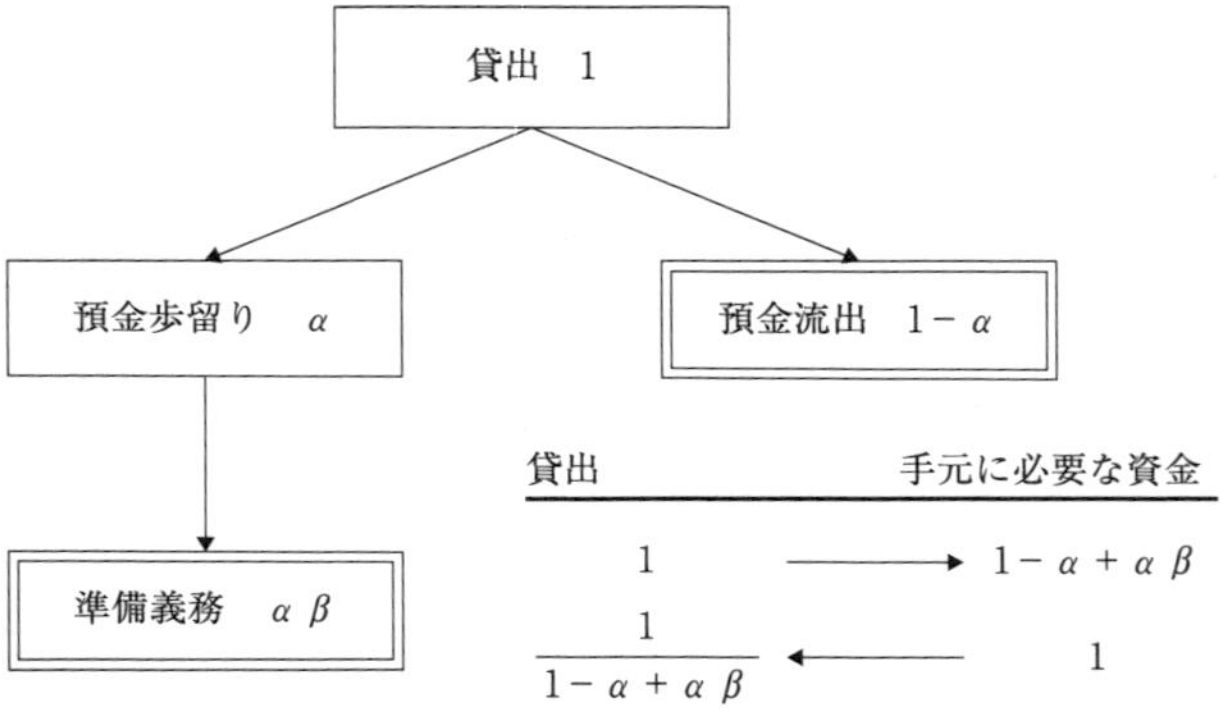

単位であるといえる。したがって、一単位の新規資金が得られれば、銀行部門全体としては、先の値の逆数にあたる単位の貸出が実行可能となる。そして、この値のことを信用創造乗数という。$1-\alpha+\alpha\beta=1-\alpha(1-\beta)<1$（なぜならば、$1>\alpha$ かつ $1>\beta$）であることから、その逆数である信用創造乗数は、1よりも大きいといえる。

†信用創造とハイパワード・マネー

ただし、信用創造乗数の大きさは、個別の銀行の観点からみたときと銀行部門全体について（銀行システムとして）考えたときでは、異なったものとなる。すなわち、個別の銀行にとってみれば、自行の行った貸出が自行の預金として歩留る割合（すなわち、α）は、それほど大きいとは期待できない。しかし、銀行部門全体についてみれば、この値はきわめて1に近い大きな値をとると考えられる。

また、個別銀行の場合、貸出とは無関係に受け入れる預金（これを「本源的預金」という）と金融市場や中央銀行からの借入のすべてが、新規資金源となる。これに対して、銀行部門を全体としてとらえると、本源的預金は存在しない。本源的預金は、実は他行の預金が回ってきたものであり、銀行部門全体についてみれば本源的とはいい難いものである。

われわれが銀行に預金する現金は、直接には給与や商売の売り上げとして受け取ったものであるかもしれない。しかし、給与や代金を支払った者は、どこからその現金を入手したのであろうか。その入手経路を次々にたどっていけば、銀行の窓口かATMに至るはずである。すなわち、預金を払い戻すこと以外に、現金の究極的な入手源はありえない。

そうであれば、銀行部門全体として、市中から新たな現金を手に入れるということは不可能になる。では、銀行はどこから現金をとってくるのであろうか。その答えは、中央銀行（日本銀行）からである。すなわち、マクロ的にみる限り、銀行部門にとっての新規資金源は、中央銀行からのものしか考えられない。市場からの資金調達分についても、銀行間のそれは相殺されることになり、銀行部門にとってネットで残る部分は、中央銀行を最終的な資金提供者とする分のみである。

民間銀行全体の貸出のうち現金流出した部分の合計が、民間非銀行部門の保有する現金残高に相当し、預金として留まった部分に対する準備が民間銀行の中央銀行預け金残高である。この両者の合計をとくにハイパワード・マネー（high - powered money）、あるいはベース・マネー（base money）というが、このハイパワード・マネーの総額こそが、中央銀行が民間銀行部門にネットで供給した資金量の大きさを示している。

したがって、これまでの議論を要約すると、Hをハイパワード・マネーの総額、αを銀行部門全体で考えたときの預金歩留り率とすれば、

$$L = H / (1 - \alpha + \alpha\beta)$$

が、銀行部門の行える貸出（信用供与）額の値ということになる。この限りで、ハイパワード・マネーさえ得られれば（あるいは、得られる見込みさえあれば）、銀行はいくらでも信用を創造できることになる。ただし、できるということは、必ずそうするということではないので、これが上限になるという意味である。

しかし、再度確認すると、信用創造が可能であるのは、銀行の貸出金の大部分が直接・間接に預金の形態のままで保有されることになるからである。このとき預金を保有する主

体は貯蓄を行っているのだという点は、忘れられてはならない。先に信用創造について「貯蓄の形成を先取りするかたちで」と述べたのは、この点を示唆するためである。

換言すると、信用創造は、無から有を生じるものではなく、貯蓄の先取りに過ぎない。それゆえ、銀行部門の行う信用創造の大きさが、非銀行部門の意図する貯蓄額を上回るものであれば、いわゆる「貨幣の過剰、資金の不足」という事態に陥ることになり、銀行は予定以上の現金流出に見舞われるか、インフレによる強制貯蓄（消費の抑制）の発生がみられることになると考えられる。

逆に、銀行部門の行う信用創造が過小なものであれば、決済手段の不足から取引活動の円滑な遂行が困難になり、経済活動の収縮が帰結しよう。まさに銀行部門による信用創造は、非銀行部門の貯蓄形成意図を的確に反映するものでなければならないのである。

果たして、銀行の自主的な行動に任せておくだけで、信用創造は適切な範囲に収まるであろうか。この点の判断は、議論の分かれるところであり、古くは通貨主義と銀行主義の論争にまで遡ることができる。しかし、右で確認したように、民間銀行による信用創造の大きさは、中央銀行によるハイパワード・マネーの供給量によって制約されている。

逆にいうと、この関係を利用すれば、中央銀行は自らの資金供給量を操作することによって、民間銀行部門の信用創造行動に一定の影響を及ぼすことが可能なはずである。現代では、経済活動の安定化を図るために、中央銀行が信用調節の活動を実施することは当然とされている。そして、こうした中央銀行による信用調節の活動こそが、金融政策と呼ばれるものにほかならない。

この金融政策の内容に関しては章を改めて詳しく説明することにするが、ここでは、そのための準備としてマネーストック（旧マネーサプライ）の概念について説明しておくことにする。

†マネーストックの概念

繰り返し述べてきたように、現代社会では、現金（日本銀行券）のみならず、民間銀行の提供する要求払い預金も決済手段として機能している。そこで、わが国の経済統計（マネーストック統計）では、非銀行民間部門（すなわち、居住者のうち一般法人、個人、地方公共団体など）の保有する現金と要求払い預金残高の合計を狭義の貨幣量と定義し、M1《エムワン》と呼んでいる。すなわち、

M1＝現金通貨＋預金通貨（預金通貨の発行者は、全預金取扱機関）

である。現金通貨は、銀行券発行高と補助貨幣（硬貨）流通高の合計を意味し、預金通貨は、要求払い預金（当座、普通、貯蓄、通知、別段、納税準備）残高から対象金融機関保有

小切手・手形を控除したものを意味している。また、ここでいう全預金取扱機関の定義は、

全預金取扱機関＝「国内銀行等」＋ゆうちょ銀行＋信用組合＋全国信用協同組合連合会＋労働金庫＋労働金庫連合会＋農業協同組合＋信用農業協同組合連合会＋漁業協同組合＋信用漁業協同組合連合会

で、国内銀行等の定義は、

国内銀行等＝国内銀行（除くゆうちょ銀行）＋外国銀行在日支店＋信用金庫＋信金中央金庫＋農林中央金庫＋商工組合中央金庫

である（ここでの説明は、日本銀行調査統計局『マネーストック統計の解説』二〇〇八年六月に依っている）。

これに対して、同じ預金でも定期性預金（定期預金、据置貯金、定期積金）は、直接に決済手段として使用できるわけではない。しかし、定期性預金は、少額の解約手数料さえ負担すれば法貨との交換が常時可能であり、元本が保証されていることから、決済手段にいつでも転化可能な準備手段であると考えられる（円建てではない外貨預金も同様の性格をもつと考えられる）。

それゆえ、定期性預金と外貨預金を決済手段に準じるもの、すなわち、準通貨とみなし、M1に民間非銀行部門の保有する定期性預金残高を加えたものを広義の貨幣量と定義する

ことが通例となっている。これをM《エムツー》2と呼んでいる。すなわち、

M2＝現金通貨＋預金通貨＋準通貨＋CD（預金通貨、準通貨、CDの発行者は、国内銀行等）

である。なお、CDは、譲渡性預金の略称である。

さらに、わが国のマネーストック統計では、より広義の概念としてM《エムスリー》3と広義流動性を定めている。具体的には、

M3＝現金通貨＋預金通貨＋準通貨＋CD（預金通貨、準通貨、CDの発行者は、全預金取扱機関）

広義流動性＝M3＋金銭の信託＋投資信託＋金融債＋銀行発行普通社債＋金融機関発行CP＋国債・FB＋外債

である。

M3は、M2と金融商品の範囲は同じであるが、発行者が全預金取扱機関になっている（M2は、国内銀行等）。このM3は、包括性という点では優れた指標であるが、M2に比べて速報性に劣るといえる。また、広義流動性は、M3に比較的流動性が高いとみられる金融商品を加えたものであり、「相当広範囲の金融商品を含むため、金融商品間の振替（例えば、投資信託を解約して預金に振り替える）が生じた場合であっても、比較的安定的に

図表2－4　マネーストックの構成

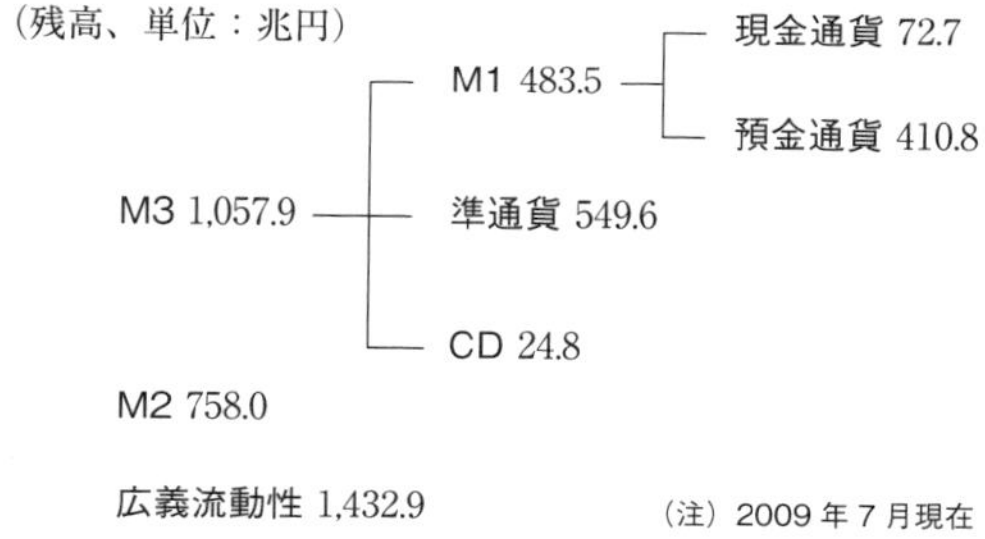

推移するといった特色を有している」とされる。

すでに強調したように、決済手段の範囲は、超歴史的に決まっているものではなく、技術的基盤の変化等とともに変わり得るものである。したがって、マネーストックの定義については、統計的な連続性に留意しつつも、状況に応じて絶えず見直していく必要がある。実際、現行のマネーストック統計は、二〇〇八年六月に大きく見直されたものであり、名称もそれまでのマネーサプライ統計からいまのものに変更された。

なお、補足すると、概念的にはマネーストックMは、現金Cと預金等Dの合計である（Dの範囲をどう考えるかで、右記したような統計上の区別がある）。他方、既述したようにハイパワード・マネーHは、現金Cと金融機関の保有する準備Rの合計である。そして、両者の比率

$$\frac{M}{H}=\frac{C+D}{C+R}=\frac{\frac{C}{D}+1}{\frac{C}{D}+\frac{R}{D}}$$

を貨幣乗数 m と呼んでいる（$M=mH$）。

先に、預金として歩留る比率を α、現金流出する比率を $1-\alpha$ としたので、$\frac{C}{D}=\frac{1-\alpha}{\alpha}$ であると考えられる。また、$\frac{R}{D}$ は預金準備率 β にほかならない。したがって、

$$m=\frac{\frac{C}{D}+1}{\frac{C}{D}+\frac{R}{D}}=\frac{\frac{1-\alpha}{\alpha}+1}{\frac{1-\alpha}{\alpha}+\beta}=\frac{1}{1-\alpha+\alpha\beta}$$

となり、貨幣乗数の値は、先に述べた信用創造乗数の値と本質的に同じものであるといえる。

3　銀行危機の可能性

†信用秩序の維持

これまでは、決済と信用創造という銀行システムの積極的な役割、いわばその光の面（ブライト・サイド）について述べてきた。しかし、銀行システムには、銀行危機の可能性という影の面（ダーク・サイド）も実は存在することに関しても述べておかねばならない。そうしたダーク・サイドを封じ込めるために、預金取扱金融機関（銀行）に対しては、広範囲にわたる政府による規制が実施されている。

ただし、実際の銀行規制は、様々な意図から行われてきており、その中には経済学的には正当化できないものもある。例えば、ある種の政治的配慮から、特定の集団や地域に便益を与えるために規制が行われることも決して珍しくはない。そうした目的からの規制は、効率性の観点からは撤廃されるべきであり、もし特定の集団や地域を支援する必要が本当にあるのであれば、規制によるのではなく、他の手段（財政措置等）によるべきであるといえる。

しかし、一切の銀行規制が不必要というわけではない。金融システムの安定を確保し、「信用秩序の維持と預金者保護」を達成するためには、一定の銀行規制の実施が（もっとも、そのための銀行規制の具体的内容は、経済環境や技術条件の変化等を踏まえて絶えず見直されねばならないものではあるけれども）不可欠である。

それでは、銀行規制の根拠となる「信用秩序の維持と預金者保護」の必要性とは何か。経済学的には、規制の必要性が認められるためには、「市場の失敗」（市場機構の働きだけでは効率的な資源配分を達成できない状況のこと）がみられることが前提となる。銀行業に関連する「市場の失敗」としては、次の二点が指摘できる。

第一に、銀行業は、それ自体が一つの産業ではあるが、他の産業に対する基盤（インフラ）的なサービスを提供するという役割を担っている。そのために、銀行業が機能不全に陥ったときには、他の産業や国民生活に与える悪影響が著しく大きいと予想される。

すなわち、銀行は、これまでみてきたように一国の貨幣制度・決済機構の担い手であり、貨幣制度・決済機構はあらゆる経済活動の基盤となるものである。そうした経済活動の基盤たる貨幣制度・決済機構が円滑に機能しなくなったならば、経済の残りすべての部分にもマイナスの影響が及ぶことは明らかである。

しかも、この種の悪影響は、市場取引を通じるものではなく、より直接的なかたちで及ぶものであり、経済学的には「外部不経済」と呼ばれる範疇に属するものにほかならない。こうした外部不経済は、一九二〇年代の後半から三〇年代の初頭にかけて、実際に世界的に経験されている。例えば、米国の大恐慌も、銀行システムの崩壊がなければ、単なるリセッション（景気後退）にとどまり得たかもしれないといわれている。

わが国でも、戦前期の金融恐慌や昭和恐慌の経験から、金融システムの崩壊が実体経済活動の一層の混乱を引き起こすものであることが知られている。外部性の存在は、「市場の失敗」の典型例の一つであり、政府による介入が経済厚生の向上に資するものであり得る余地を生み出すといえる。

要するに、銀行業が安定的にサービスを供給できなくなったときに他の産業や国民生活に及ぼすマイナスの影響は、銀行にとっては、内部化されて考慮されることのない外部効果である。したがって、安定的なサービス供給に努力することの個々の銀行からみた私的便益は、この外部効果の分だけ社会的便益よりも低く評価されることになる。このために、個々の銀行によるそのための努力は、社会的にみて最適なレベルよりも過少なものとなるおそれがある。

このとき、銀行規制によって、そうした努力のレベルを引き上げさせる、あるいは、公的当局自らが追加的な努力に対応する措置をとることは、社会的に望ましいと判断されることになる。信用秩序の維持とは、金融システムが全体として、少なくともサービス供給に支障がない程度に安定した、秩序だった状態に維持されていることと理解できる。そして、上記のような外部性に起因した「市場の失敗」の存在ゆえに正当化される銀行規制は、この意味での信用秩序の維持を図るためのものであると言い換えることができる。

銀行業以外でも、基盤的なサービスを提供しているとみられる産業（例えば、電力業など）は、すべて公益事業としての扱いをされ、やはり政府による広範な規制を受けているのが通例である。公益事業である産業はすべて、一定の保護や（独占が承認されるなどの）特権が与えられている反面で、安定供給を義務づけられている。銀行業についても、いわば公益事業に準ずるものとして、安定供給を確保することが必要であり、そのために政府による規制が実施されていると理解できる。

こうした事情は、これまでは「銀行業の公共性」といった表現で示唆されてきた。

†預金者保護と取り付け防止

第二に、預金者（とくに小口の預金者）は、個々の銀行の経営状態を的確に評価する能力に欠ける、あるいは、かりに能力があっても、正確な評価を行うために情報を収集・分析することは費用的に割に合わないという事情がある。そのために、銀行（の経営者）は当然自らの経営状態について情報をもっているのに対して、預金者はそうした情報をもたないという「情報の非対称性」が存在することになる。

情報の非対称性の存在は、外部性の存在とは別に、「市場の失敗」を引き起こしかねない要因となるものである。預金者は、銀行の経営状態について正確な情報をもたないとしても、通常はこれまでの経験や評判から銀行を信認できるものとみなして、自らの資金の運用を銀行に委ねている。しかし、そうした預金者の信認（コンフィデンス）が十全な情報的裏付けをもったものではないことは、偶然的な出来事や何かの事情で、信認の崩壊が起こりかねないおそれを絶えず伴っていることを意味している。

例えば、特定の銀行が経営破綻を起こし、預金の払い戻しがとどこおるといった事態が（部分的なものであれ）発生した場合、預金者の銀行全体に対する信認が一挙に崩壊する可能性がある。というのは、預金者のもつ情報と判断力は限られていることから、預金者は個々の銀行の経営内容等の差異を不完全にしか識別できない。それゆえに、特定の銀行に不信を覚えた場合、それは往々にして健全な経営内容をもった銀行を含む金融システムそのものに対する不信にまで進行しがちだからである。

また、個々の預金者にとっては、銀行の信頼性に疑問をもった場合、直ちに預金の払い戻しを請求することが最も合理的な行動だといえる。というのは、預金の払い戻しを求めることは、預金者にとって正当な権利の行使であり、あまり費用を要する行為ではない。これに対して、銀行の経営状態等を調査し、確認しようとすることは、預金者にとってきわめて（ある場合には禁止的に）高い費用を要する行為だからである。したがって、信認の崩壊は、預金の払い戻し請求の増大につながることになると見込まれる。

他方、現在の銀行は、基本的に部分準備で運営されている。すなわち、現在の銀行は、預金者から受け入れた資金のほとんどを貸出や証券投資に運用しており、そのごく一部分しか支払い準備として保有していない。もし預かった資金の一〇〇％を現金準備としてもっていたら、前節で述べたような信用創造の活動は一切行えないことになってしまう。しかも、銀行が保有する貸出や有価証券は、しばしば固定（非流動）的な性格のものであることが多く、その本来の価値通りに換金するには時間を要する。換言すると、即座に換金しようとすると、「投げ売り価格」でしか処分できず、損失が出ることになる。

それゆえ、預金者が一斉に預金の払い戻しを請求するような事態（こうした事態は、通常「取り付け」と呼ばれる）が起こると、払い戻しに応じるための保有資産の処分に伴う損失で、元々は支払い能力に問題のない銀行であっても、経営破綻状態に追い込まれてしまうことになりかねない。

このため逆に、他の預金者のかなりの部分が預金の払い戻しを請求した場合には、残りの預金者にとっても払い戻しを請求することが得策となる。というのは、多くの預金者が払い戻しを請求した結果、当該の銀行が経営破綻してしまえば、残りの預金者は払い戻しを今後とも受けられなくなってしまうからである。したがって、ある一定比率以上の預金の払い戻しが請求されると、取り付けの発生は不可避なものとなる。

以上の意味で、銀行に対する信認が失われると、取り付けの発生から銀行の経営破綻にまで事態が進行する可能性が高い。しかも、そうした事態は、一銀行だけにとどまらず、他の銀行にも波及する傾向がある。取り付けの伝染が起き、多数の銀行が経営破綻に追い込まれることになれば、金融サービスの安定供給に支障が生じることになり、信用秩序の維持はかなわなくなる。

こうした銀行危機（banking crisis）と呼ばれるような激烈な形態での「市場の失敗」を回避するためには、政府は、銀行の経営状態のいかんにかかわらず預金の払い戻しを保証するというかたちで、預金者保護を図る必要がある。その一方で、実際に銀行の経営が健全に保たれるように（政府保証が乱用されないようにするために）、公的当局は銀行に対する監視者（モニター）としての役割を果たさなければならないことになる。

こうした事情から実施されている銀行に対する監督や規制といったかたちの公的介入は、

公的当局が預金者に代理して債権保全のために行う活動としての性格をもつものだと解釈できる。

銀行以外の金融機関のうち、とくに保険会社に対する規制の根拠についても、これと同様に理解できる。すなわち、小口で分散している債権者（保険契約者）は、サービス提供を受けている債務先企業の経営状態を監視し、その経営者を規律づける能力と誘因をもたない（効率的経営を促す努力は公共財となる）ので、そうした債権者を保護するために、公的当局が代理した行動をとる必要がある。

†プルーデンス政策の制度設計

以上のような「信用秩序の維持と預金者保護」を目的とした政府による銀行規制の活動は、プルーデンス政策（prudential policy）とも呼ばれる。プルーデンス政策は、金融システム全体に関する一種のリスク対策であるといえる。リスク対策は、いかなる種類のものであれ、二段構えのものとなっていなければならない。すなわち、リスクの現実化をできるだけ予防するという部分（事前的な対策）と、リスクが現実のものとなったときに、それに伴う損失を最小化して処理するという部分（事後的な措置）である。

火災というリスクへの対策の場合で例えていえば、前者は防火対策であり、後者は初期

図表 2－5　プルーデンス政策の概念図

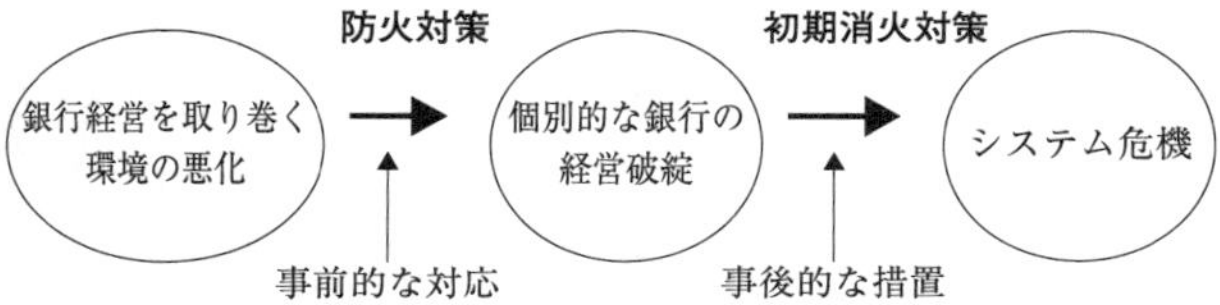

消火対策である。いくら万全の防火対策を講じていても、火災が発生することはあり得ないわけではないので、初期消火対策を等閑視することはできない。逆も同様であり、初期消火対策があれば、防火対策はいらないということにはならない。

こうした二段構えの対策を行う必要があることは、金融システムの安定を確保するための対策の場合も、例外ではない。実際、過去の信用秩序崩壊の経験を一般化してみると、金融危機の発生のプロセスは二つの段階に分けてとらえられることが分かる。

第一段階は、一つないしは少数の銀行の個別的な経営破綻の発生である。これらは、銀行経営を取り巻く環境の悪化に起因することが多い。そして第二段階は、この個別的な破綻を契機にしたシステム全体にわたる混乱の伝播である。したがって、このプロセスの第一段階か第二段階かのいずれかを遮断できれば、金融危機を起こさず、信用秩序の維持を図ることができる。

第一段階を断ち切る（すなわち、個別的な破綻の発生を防ぐ）

ための対策が、プルーデンス政策の場合における防火対策にあたる事前的な対策であり、第二段階を断ち切る（すなわち、個別的な破綻がシステム危機に拡大する事態を回避する）ための対策が、初期消火対策にあたる事後的な措置であるといえる。この場合の事前と事後の区別は、個別の銀行の部分的な破綻が生じる前か後かを境にしている。

こうした事前と事後の両面にわたるプルーデンス政策のあり方が、その時々の経済的・技術的条件に適合的なものとして適切に制度設計されている必要がある。銀行規制は、既述したような「市場の失敗」を是正するという便益をもたらす一方で、当然のこととして費用も発生させる。費用が便益を上回るといったことも考えられないわけではない。したがって、純便益（便益－費用）を最大化するような制度設計が求められる。

銀行規制に伴う費用には、直接的なものと間接的なものの二種類が考えられる。直接的な費用としては、公的当局の人件費や物件費に加えて、規制に対応するための銀行側の業務費用などがあげられる。しかし、これらが規制に伴う費用のすべてではない。

銀行規制の実施は、銀行経営のインセンティブ（誘因）構造を変化させることにつながるので、銀行行動を歪める（後述するモラルハザードを惹起する）可能性もある。このことの結果として、何らかの資源配分の非効率化が引き起こされるというかたちでの費用負担が生じ得る。こうした間接的費用の方が、実は巨額なものになるおそれが大きい。

また、銀行規制がもっぱら銀行の既得権益を守るためのものに堕してしまい、銀行にレント(超過利益)をもたらす一方で、金融サービスの消費者には不利益をもたらすといったこともある。公的当局が純粋に公益だけを追求するような存在であるならば、このような銀行規制は実施されるはずはないけれども、必ずしも現実はそうではない。

公的当局が、常に自らの組織として(あるいは、個人として)の利益を全く無視して公益だけを追求する「無私な存在」であると想定することは、残念ながらナイーブに過ぎることである。それゆえ、規制する側の公的当局者が、銀行側からのレントの一部のキックバックを(退職後に有利な再就職先を斡旋してもらうなどのかたちで)受けることによって、規制される側の銀行によってキャプチャー(capture)されてしまう危険性についても警戒しなければならない。

それでは、事前的対策と事後的措置の各々として具体的にどのような制度があり得るか、またわが国の現状においてはどのような制度の組み合わせが望ましいものと考えられるかについては、(十全な理解のためには、後続の章で説明するような追加的な知識を必要とするので、最終章の)第7章で説明する。

第３章

金融政策と中央銀行

1　金融政策の目標

†新たな合意

金融政策とは、それぞれの国家から現金通貨（銀行券）の発行権限を独占的に与えられている「中央銀行」と呼ばれる組織が、その権能を行使して一定のマクロ経済的な目標を達成するために行う活動を意味している。本章では、そうした意味での金融政策とその実施主体である中央銀行について概説する。

まず、右の定義で述べた「一定のマクロ経済的な目標」について考えることから始めよう。金融政策の目標とは、抽象的にいえば、その国のマクロ経済のパフォーマンスを改善することである。パフォーマンスの改善は、「水準」の向上と「振れ」の縮小のいずれか（あるいは双方）によってもたらされる。水準の向上の例は、雇用の増大（失業率の低下）である。これに対して振れの縮小の例は、物価の安定（低位のインフレ率）である。

したがって、金融政策の目標としては、より具体的には、雇用の増大を目指すとか、物価の安定を目指すとかが考えられる。ただし、これらすべてが両立的に達成可能な目標であれば、問題はないけれども、そうではないかもしれない。こうした点をどう考えるかをめぐっては、かつては激しい意見の対立もみられたが、現状ではおおよその「新たな合意（New Consensus）」が成立するようになっている。

この新たな合意は、次のような基本認識の上にできあがっている。まず、経済活動のいわば潜在的実力とでもいうべき「水準」については、経済の実物的要因（技術条件や資源の賦存量など）で決まり、それらを金融政策で変えることはできない。しかし、そうした実力通りの姿が常に実現されているわけではなく、その水準から実際の経済は振れて離れてしまうことがある。そうした「振れ」を小さくすることは、金融政策を通じて可能なことであるし、意義のあることである。

なお、経済学特有の用語法では、基準となる水準を「長期均衡水準」という。ここでの「長期」という形容詞には、必ずしも時間的な意味はなく、長期均衡とは、すべての調整が完了したときに実現される状態のことである。実際にすべての調整が完了するには長い時間を要すると思われることから、長期といっているに過ぎない。

例えば、M・フリードマンは、長期均衡における失業率の値を「自然失業率」と名付けている。自然失業率の水準は、労働市場の構造的要因でもっぱら決まるものである。求人と求職をマッチさせる労働市場の機能が高ければ、自然失業率は低いだろうし、そうした機能が低ければ、自然失業率は高くなってしまう。自然失業率を低下させたければ、労働市場の機能を高める構造改革を行うべきで、金融政策はその代わりにはならない。

長期均衡において、労働の総供給と労働に対する総需要は一致している。ただし、労働というのは、全く同質的なものでなく、異質性が高い（適性や能力は労働者ごとに違う）ので、総供給と総需要が一致していても、失業と未充足の求人が同数存在することになる。その規模がどれくらいになるかは、労働市場の求人と求職をマッチさせる機能の高低にかかっている。その機能が完全なものではあり得ないことから残存せざるを得ない（摩擦的とか、構造的といわれる）失業に対応するのが、自然失業率である。

経済には様々なショックが需要面と供給面の双方から加わっているので、現実の失業率は、常に自然失業率の水準にあるのではなく、その周りで変動している。それゆえ、自然失業率を超えて現実の失業率が増大してしまうこともある（このときは、労働の総供給＞総需要となっている）。そうした事態を予防する、あるいは（起こってしまった後では）自然失業率への回復を促すことは、金融政策の目標となり得ることである。

他方、自然失業率を下回る水準に現実の失業率を維持することは、一時的には可能であっても、長期的には可能なことではない。金融政策を通じて無理矢理そうしたことを目指

図表3－1　自然失業率の考え方

$$L^D\text{（労働の総需要）}=E\text{（雇用）}+V\text{（未充足求人）}$$

$$-）L^S\text{（労働の総供給）}=E\text{（雇用）}+U\text{（失業）}$$

$$L^D-L^S=V-U$$

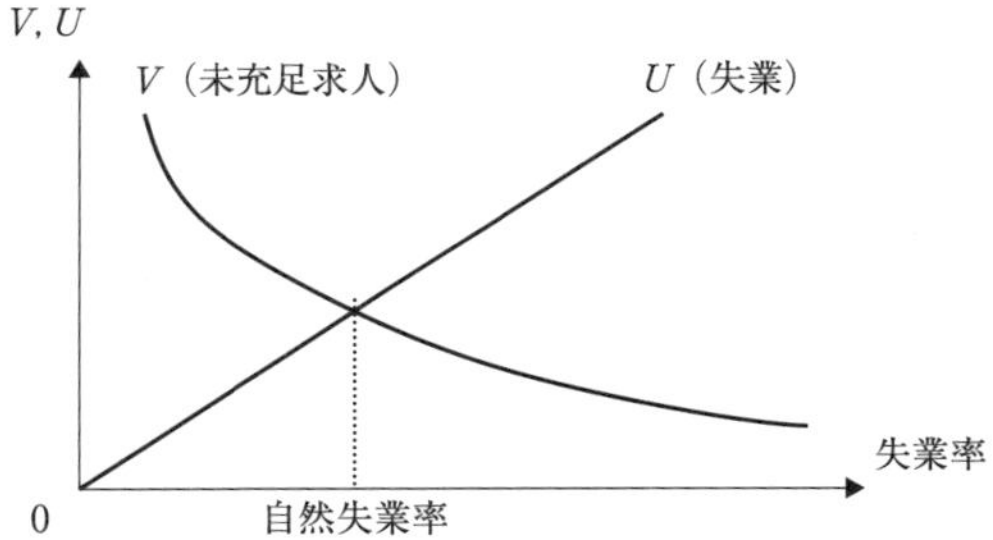

すのは、（労働の総供給＜総需要という状況を目指すということになって、経済を過熱させることになるので）かえって好ましくない結果を招くことになる。

したがって、「水準」と「振れ」を明確に区別し、金融政策の役割は振れを小さくすること（すなわち、経済の安定化）にあり、水準の向上・改善は構造改革等の取り組みによるという理解をすべきである。これが、新たな合意のエッセンスである。

ただし、少し長い時間的視野でみると、「振れ」の大小は「水準」に影響する可能性がある。とくに物価の変動が激しくなると、特定商品の価格上昇が、相対価格（諸々の財やサービスの価格間の比率）

の変化を意味しているのか、絶対的な物価水準の上昇を反映しているだけなのかの識別が困難になる。その結果として、市場機能の低下を招き、水準を劣化させてしまうことが考えられる。

この意味では、「物価の安定」は「持続的な経済成長の基盤」になるといえる。そして、こうした理解から、「短期的には景気変動をなだらかにすることに配慮しながら、中長期的な物価の安定を目指す」というのが、(日本を含む) 先進国の中央銀行の間では、現時点における金融政策の目標についての大まかなコンセンサスになっている。

†中央銀行の独立性

こうしたコンセンサスが形成されたのは、実際には一九七〇年代の大インフレという手痛い失敗を経てのことである。

第二次大戦直後の時期は、ブレトン・ウッズ体制と呼ばれた国際通貨制度の下にあり、通貨の価値は (少なくとも間接的に) 金と結びつけられていた。すなわち、米国政府は、一オンスの金と三五ドルを交換すると保証していた。あわせて固定相場制がとられていたので、そのドルと、例えば円は、一ドル=三六〇円という固定された交換比率を維持していた。それゆえ、一万二六〇〇円の価値は、一オンスの金のそれと等しいはずであった。

物価の逆数を通貨価値だ（物価が高いほど、通貨価値は低い）と考えると、物価の安定ということと通貨価値の安定ということは、基本的に同義である。しかし、金本位制やその遺制を引きずっていたブレトン・ウッズ体制の下では、通貨の価値は金の価値というアンカー（固定的な支え）をもっており、金融政策によって積極的に通貨価値の安定を目指すという発想にはなりにくかったといえる。

しかし、戦後の米国ではインフレーションが進行したために、一九七〇年代を迎える頃には、ドルの実勢価値は、一オンス＝三五ドルの公定レートを明らかに下回る水準に下落し、そのレートでのドルの金への交換という米国政府の保証は虚構に過ぎないと誰もが思わざるを得ない状況に至る。実際、一九七一年に米国政府はドルと金との交換停止を宣言すること（ニクソン・ショック）になり、世界は、金というアンカーを失って、中央銀行の金融政策によってのみ通貨価値の安定を図らなければならない本当の「管理通貨制度」に移行する（それに伴って「変動相場制」にも移行した）。

完全な管理通貨制度の下では、中央銀行が物価安定へのコミットメントを強めること以外に、通貨価値の安定を維持する方策はない。こうした認識が徹底されておらず、そのことを実効的なものとする体制も欠いていたことが、一九七〇年代の大インフレを引き起こすことにつながったといえる。

この教訓から、世界的に中央銀行の独立性が高められる傾向にある。というのは、中央銀行の物価安定へのコミットメントを(国民からみて)信頼性のあるものにするためには、中央銀行の独立性が不可欠だからである。なお、ここでいう中央銀行の独立性とは、政治および政府の他の部門(とくに財政当局)からの独立性ということである。

民主主義社会において選挙の洗礼にさらされている政治家にとっては、再選されることが重要であり、そのためにその時間的視野は短期化しがちであるといわれる。近視眼的な関心からは景気の改善が強く求められることになるので、そうした圧力の下に中央銀行が置かれていると、経済を刺激し、失業率を低下させようという行動をとらざるを得なくなる。しかし、失業率を自然失業率を下回る水準に維持することには既述のように無理があるので、そうした行動は長期的にはインフレ率の高進につながることになってしまう。

こうした事態はインフレ・バイアスと呼ばれているが、インフレ・バイアスを回避するためには、中央銀行の独立性が必要になる。財政当局との関係についても同様で、中央銀行が財政赤字のファイナンスに協力しなければならない立場だと、その物価安定へのコミットメントはどうしても弱まらざるを得なくなる。

わが国でも、一九九七年に日本銀行法が改正され、日本銀行の法制上の独立性は従来よりも格段に強化された。ただし、法制上の独立性の高さが実態的な独立性の高さを自動的に保証するものではない。実態的な独立性は、中央銀行の活動が国民の支持を得てはじめて確保され得るものだといえる。なお、同改正には、次に述べる政策決定過程の透明性の確保や合議制の委員会による政策決定手続きの実質化も盛り込まれている。

†裁量かルールかを超えて

わが国の中央銀行は日本銀行であり、英国のそれはイングランド銀行である。ヨーロッパは、EU統合に伴ってやや複雑な構造になっており、EU全体の金融政策を担当するヨーロッパ中央銀行(ECB)と加盟各国の中央銀行(NCB)が存在するかたちになっている。ドイツのブンデスバンクなどのNCBは、狭義の金融政策を行うものではもはやないが、プルーデンス政策等はもっぱらNCBによって担われている。

連邦制をとる米国には、十二の連邦準備銀行が存在し、それらを統括して金融政策の方針を決定する組織として連邦準備理事会(FRB)が存在している。FRBの金融政策に関する方針は、FOMC(連邦公開市場委員会)と呼ばれる合議制の委員会で決定される。FOMCのメンバーは、FRBの理事七名や地区ごとの連邦準備銀行総裁五名(十二の連銀総裁の交代制)から構成されている。

このように金融政策の方針決定は合議制の委員会方式で行われることが、近年では一般化している。日本銀行の場合も、正副総裁と六名の審議委員（計九名）からなる金融政策決定会合で方針決定が行われている。かつての中央銀行では、絶対的権限をもつ総裁が一人で政策を決定していた。それゆえ、中央銀行総裁は、過去には「法皇」にも例えられる存在であった。しかし、現代の中央銀行総裁は、複数のメンバーから構成される政策委員会のリーダーとして位置づけられる存在に変化した。独裁者が常に賢明である保証がない以上、こうした変化は望ましいものであるといえる。

また、いうまでもなく、先に述べた中央銀行の独立性を認めることは、その独善性を容認することではない。換言すると、中央銀行の独立性は、アカウンタビリティ（説明を伴う責任）によって裏付けられたものでなければならない。中央銀行は、常に自らの政策の決定内容やその決定過程について説明する努力を惜しまない、透明性の高い存在でなければならない。そうした努力を怠るようでは、中央銀行の独立性を認めることに対して国民の支持が得られることはあり得ない。

それでは、どのような金融政策の運営スタンスをとることが、最もよく説明責任を果たすことにつながるといえるのであろうか。

かつてのケインズ派は、総需要管理のための「裁量」的な金融政策運営を支持する傾向があった。これに対して、フリードマンらのマネタリストは、中央銀行の裁量的な行動自体が経済の攪乱要因になるとして、「ルール」に従った金融政策運営を主張した。フリードマンが具体的に提唱したルールは、マネーストックの伸び率を特定の値（k％）に維持するというものである。こうした対立の中で、長らく金融政策の運営スタンスをめぐっては、裁量かルールかが争点となってきた。

しかし現状では、裁量かルールかといった二項対立的な問題設定自体が止揚され、「抑制された裁量」あるいは「弾力的なルール」とでも呼べるようなスタンスが、大方の中央銀行において定着するようになっている。

すなわち、繰り返しになるが、完全な管理通貨制度の下で通貨価値の安定を実現するためには、中央銀行は、物価安定へのコミットメントを強めなければならない。それは、実質的には、一定のインフレ率を中長期的に達成することを公約することに等しい。しかし、そのことは、マネーストックの伸び率を特定の値に維持するといった機械的なルールに従うことではない。そもそもマネーストックの伸び率とインフレ率が一義的に常に関連しているほど、現実の経済構造は単純なものではない。

一定のインフレ率を中長期的に達成するためには、中央銀行は数量的な経済予測とシミュレーションを行い、その結果に基づいて政策金利の誘導水準を機動的に見直すといった行動をとる必要がある。その際に、どれくらいの期間をかけて公約を実現するかに関して、中央銀行が一定の裁量の余地をもつことは可能で、公約達成への国民からの信認が失われない範囲では、一時的な物価上昇を許容して景気に配慮した政策運営を行うことも短期的には認められる。大まかにいって、このような枠組み（framework）に基づいて現代の金融政策は運営されているといえる。

ただし、中長期的に達成されるべきインフレ率の水準についての公約をどの程度まで明示的かつ数量的に示しているかについては、各国の中央銀行で多少の濃淡の差はある。目標とするインフレ率の値（またはその幅）を数値的に約束している場合には、こうした枠組みはインフレーション・ターゲティングと呼ばれている。

インフレーション・ターゲティングに関しては、インフレ目標政策と称して、目標とするインフレ率を実現するためには手段を選ばない姿勢のことにように主張する向きが、一時期のわが国ではみられたけれども、そうした理解の仕方は全くの間違いである。インフレーション・ターゲティングの本来の意味は、中央銀行がその意図を数量的に示すことによって、金融政策運営の透明性を向上させることにある。

インフレ目標を採用しているのは、英国、カナダ、ニュージーランド、スウェーデンなどの中央銀行とECBである。これに対して、米国のFRBや日本銀行は、明示的なかたちではインフレ目標を採用してはいない。しかし、その金融政策運営の枠組みが、明示的にインフレ目標を採用している国々の中央銀行と決定的に異なるわけではない。むしろ実質的には両者の間の共通性はかなり高いといえる。

日本銀行も、「目標」ではないとしながらも、審議委員が中長期的にみて安定していると考える物価上昇率を「物価安定の理解」として公表しており、その水準は現在のところ「消費者物価の前年比上昇率が二%以下のプラスの領域」とされている。また、米国連邦準備法は「雇用の最大化」を「物価の安定」と並んで金融政策の目標として規定しているけれども、雇用の最大化は、自然失業率を実現することと解釈することは可能である。

要するに、物価安定の意味を数量的に示すかどうかという点に関するコミュニケーション戦略においては差違がみられるけれども、それ以外の点において金融政策の運営枠組みが、欧州、英国、米国、日本の中央銀行において決定的に異なっているわけではない。

2 金融政策の実際

†操作目標——マネーか金利か

前節で述べたような金融政策の目標を達成するために、中央銀行は、自らのコントロールの及ぶ特定の経済変数を動かすことになる。中央銀行がもっぱら動かすべき経済変数は、いかなるものか。この点に関して、かつての金融論（あるいは経済学）の教科書の多くで行われていた説明は、残念なことに誤解を生みやすいものであった。

すなわち、従来の教科書の標準的説明では、金融政策とはM（マネーストック）を決める政策であるとされてきた。その上で、中央銀行がハイパワード・マネーの供給額を決めると、その貨幣（信用創造）乗数倍のマネーストックが供給されることになるとしていた。したがって、中央銀行が動かすべき経済変数は、当然のこととしてハイパワード・マネーであるとみなされることになってしまう。

前章でみた銀行貸出（信用供与）額Lとハイパワード・マネーHの間の関係式は、広義のマネーストックMとハイパワード・マネーHの間の関係式でもあると読み替えられる（だから、信用創造乗数と貨幣乗数は等しくなる）。というのは、銀行貸出額と広義のマネーストックは、ほぼ一対一で対応しているからである。銀行貸出のうち現金流出した部分は、現金としてマネーストックの構成部分となるし、預金として歩留った部分は、預金としてマネーストックの構成部分となる。

より正確には、（社債や株式の購入を含む）銀行貸出以外にも、民間銀行（預金取扱金融機関）と中央銀行による対外資産や国債の取得に対応しても、マネーストックは供給されることになる。しかしここでは、議論の簡単化のために、銀行貸出額Lと広義のマネーストックMを同一視して話を進めることにしよう。

もっとも当該の関係式自体は、定義的な関係を示したものであり、因果関係を直接に示すものではない。因果関係を読み取るためには、式の背後にある銀行の行動をより深く理解しなければならない。かつての教科書の標準的説明は、単純にHを原因と考えて、L（あるいはM）を結果とみなすものであった。

けれども、前章で述べた信用創造のメカニズムからすれば、時間的に先行するのは銀行貸出であり、銀行が実際にハイパワード・マネーを必要とするのは、後日になってからである。比喩的にいえば、今日のハイパワード・マネー需要は、昨日の銀行貸出の結果である。今日になってから昨日したことを変更することはできない。それゆえ、今日のハイパワード・マネー需要は動かし難い（きわめて非弾力的な）ものである。

このために、ハイパワード・マネー需要に見合うだけのハイパワード・マネーを中央銀行が供給しなければ、金融市場での需給均衡が達成されず、大変な混乱がもたらされてしまう。そうした混乱を回避するために、中央銀行は（当日の）ハイパワード・マネーの供給額を需要に受動的に合わせるように調整しており、事実の問題として、Hを先決するような金融調節の方式をとってはいない。

現行の金融調節方式は、短期金融市場金利（オーバーナイト物と呼ばれる最も期間の短い貸借に関する金利）に関する誘導目標（ターゲット）値を決め、その値の下で短期金融市場の需給が均衡するように（受動的に）ハイパワード・マネーを供給するというやり方である。こうしたかたちの調節を通じて中央銀行は、民間銀行の予想に働きかけ、その行動をコントロールしようとしている。

中央銀行が意図的に動かそうとしている経済変数は、短期金融市場金利である。このことは、日本銀行に限った話ではなく、世界のほとんどの中央銀行について共通していえることである。唯一の例外ともいえるのは、一九八〇年代の初頭に、当時のボルカー議長の下でFRBが採用した金融調節方式である。

このときは、高進していたインフレーションを抑え込むために、あえて金利の乱高下をいとわず、ハイパワード・マネーの供給額を絞り込むような金融調節が行われた。そして、実際に金利は大幅に変動した。このFRBの一時期の例外を除いて、Hを先決するような金融調節方式が採用されたことは、実際にはない。

この点で、かつての金融論研究者の問題設定と中央銀行の金融調節の実際とは、大きくずれていた。日本銀行がハイパワード・マネーの供給量をコントロールしようとしないのは間違っていると主張するような論者も、かつてのわが国にはいた。しかし幸いなことに、この十年くらいの間の研究の進展の結果として、こうしたずれは急速に解消され、近年は金融論研究者によっても、中央銀行による現実の金融調節方式と整合的なかたちで分析が進められるようになっている。

†金利コントロール

貸出の結果は長期に及ぶものであるから、銀行は貸出を行うに際して、将来の経済動向を予想しながら意思決定している。とりわけ金利（中でもハイパワード・マネーの利用条件を示す短期金融市場金利）の動向に関しては、強い注意を払っている。それゆえ、望むだけの額のハイパワード・マネーの供給が受けられることが分かっていても、そのコストが著しく高くつくと予想されるならば、銀行は貸出を抑制すると考えられる。

そうであれば、銀行に貸出を抑制させたければ、銀行に将来の金利は高くなると思わせればよいことになる。逆に、銀行に貸出を拡大させたければ、銀行に将来の金利は低くなると思わせればよいことになる。すなわち、民間銀行の抱く将来金利予想に影響を及ぼすことで、その行動をコントロールする余地が中央銀行にはある。

ハイパワード・マネーは、中央銀行だけが供給できる完全に独占的な「商品」である。したがって、中央銀行は、その商品の価格(すなわち、短期金融市場金利)に関しては、完璧な価格支配力をもっている。一定額のハイパワード・マネーを供給しなければならないとしても、それにいくらの価格をつけるかは、最終的には中央銀行の意向しだいである。

既述のように、今日のハイパワード・マネー需要は昨日までの銀行行動の結果であり、過去は変更できない以上、それはきわめて価格弾力性が小さいと考えられる。それゆえ、中央銀行はハイパワード・マネーの供給額をごく限られた範囲で操作することで、短期金融市場金利を大幅に動かすことができる。民間銀行の側は、中央銀行がいくらの価格をつけたとしても、最後はハイパワード・マネーを需要するしかないのである。

もっとも中央銀行は、その日の短期金融市場金利を完全にコントロールする力をもっているといっても、数ヵ月先のある日の短期金融市場金利を何パーセントにするとあらかじ

図表3－2　短期金融市場における需要と供給

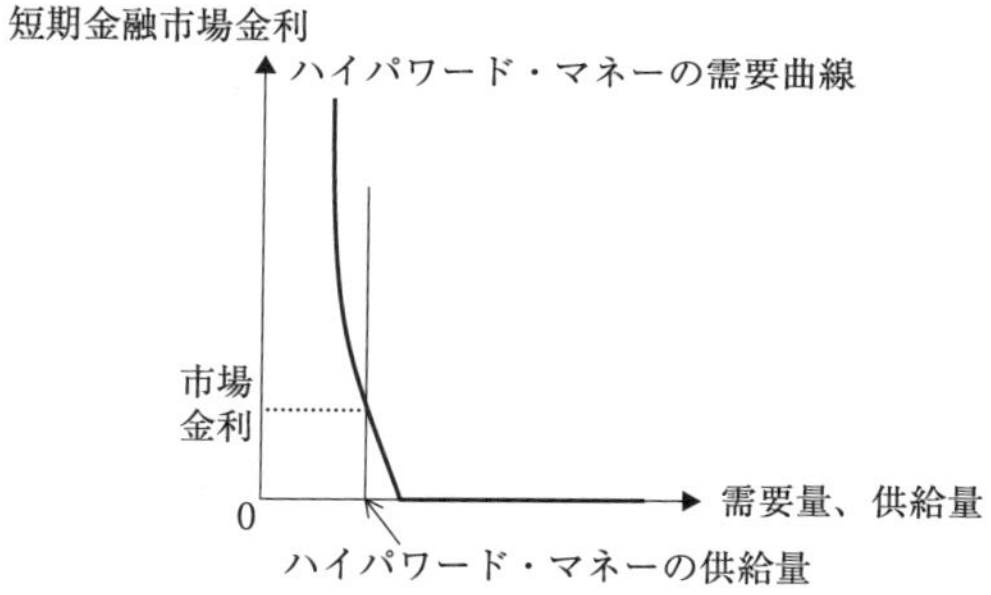

めコミットできるわけではない。なぜならば、かりに特定の値にすると宣言していても、実際にその日を迎えたときには、その時点での経済情勢等によって事前にいっていたのとは違う値を選択することの方が望ましくなる可能性があるからである。例えば、低い水準にとどめるといっていたとしても、その時点でインフレが高進しているような状況にあれば、金利を引き上げざるを得なくなる。

実際、日本銀行は、金融政策決定会合の終了ごとに短期金融市場金利の誘導目標値を公表しているが、それは当面のものに限られる。遠い先までの目標値を発表しても、状況の変化によってそれが守れなくなる可能性があり、そうなると、かえって中央銀行に対する信認を傷つけることになりかねない。したがって、民間銀行が貸出を決める際の将来金利動向に関する予想は、中央銀行が将来にわたって本当はどういう行動をとることになるかに関する予想から導かれることになる。

この意味で金融調節は、中央銀行と民間銀行の間の駆け引き（ゲーム論）の要素を含むものである。それゆえ、その中央銀行が民間からどうみられているかによって、当面の行動が全く同じであったとしても、金融調節の効果は違ってくると考えられる。すなわち、軽々に方針を変更すると思われている中央銀行は、そうではないと思われている中央銀行に比べて、意図するような効果をあげることは難しくなる傾向がある。中央銀行についても、その評判が重要だということである。

まとめると、中央銀行による短期金融市場金利の誘導→民間銀行による将来金利動向に関する予想形成→貸出行動の決定→貨幣供給量（マネーストック）の決定というのが、金融調節と貨幣供給をめぐる因果関係である。マネーストックは、金利コントロールの結果として決まる内生変数に過ぎない。

†金融政策の手段

日本銀行がハイパワード・マネーの供給額を調整するために用いている手段は、一般に「オペレーション（略して、オペ）」と呼ばれている。オペレーションには、大別して、一時的なショックを吸収するために行われるものと、経済成長に伴って生じる現金需要の増大に応じる（いわゆる「成長通貨」の供給の）ために行われるものがある。

前者の代表は、「共通担保資金供給オペレーション」と呼ばれている有担保の金利入札貸出である。日本銀行の取引先金融機関は、日本銀行から資金提供を受ける際の担保として、日本銀行にあらかじめ国債等の金融資産を差し入れている。これを「共通担保」というが、その範囲内で、日本銀行が提示する総貸出額に対して、各銀行が金利を入札して（入札結果に応じて）借入を受けるというのが、共通担保資金供給オペである。

日本銀行が貸出を行えば、当然だが、その額だけ新規の資金が民間銀行に供給されることになる。そして、貸出の満期が来たときに、日本銀行が貸出の更新に応じなければ、その額だけの資金が回収されることになる。貸出の継続をやめることだけでは資金吸収が不十分だと判断されるときには、日本銀行は自ら手形を売り出して資金吸収を行うこともある（売出手形オペ）。市場金利が日本銀行の意図する水準から乖離した場合には、日本銀行は、これらの操作を行うことによって需給を調節し、その是正を図ることができる。

他方、後者（成長通貨の供給）の目的によるものが、「長期国債の買い切りオペ」である。これは、競争入札によって一定額の長期国債を市中から買い上げるという操作である。

成長通貨の供給という目的から、日本銀行は、保有する長期国債の残高を銀行券発行残高の範囲内にするというルールを設けている。現状では、実際に日本銀行が保有している長期国債の残高は銀行券発行残高の七割程度にとどまっているが、これは、近年の低金利の結果として銀行券需要が本来的な水準よりも高止まりしている可能性があることと、今後は技術革新の結果（例えば、電子マネーの普及）等から現金需要が構造的に減少する可能性があることを考慮したものだといわれる。

なお、特定の民間銀行に対する日本銀行による相対での資金貸付（日銀貸出）が、かつては中心的な金融政策手段であった。この貸付に適用される金利が、公定歩合と呼ばれるものにほかならない。往時は、公定歩合は市場金利を下回る水準に設定されていた。そのために、日銀貸出は割安で、民間銀行に実質的に補助金を与える効果を伴っており、その額は日本銀行の裁量によって割り当てられていた。

しかし近年は、公定歩合は市場金利を上回る水準に設定されるようになっており、日銀貸出は、民間銀行からみてコスト的に不利なものとなっている。換言すると、現在の公定歩合による日銀貸出は、市場の混乱等で資金の利用可能性に制約が発生した場合に備えた「補完的貸付制度」という位置づけのものになっている。こうした制度の下で、公定歩合による貸出に数量制限がなく、民間銀行のイニシアチブで好きなだけ借りられるのであれば、公定歩合が短期金融市場金利の上限を定めることになる。

また、あまり用いられることはないが、もう一つの金融政策の手段として「預金準備率

図表３－３　準備預金の付利等を考慮した場合

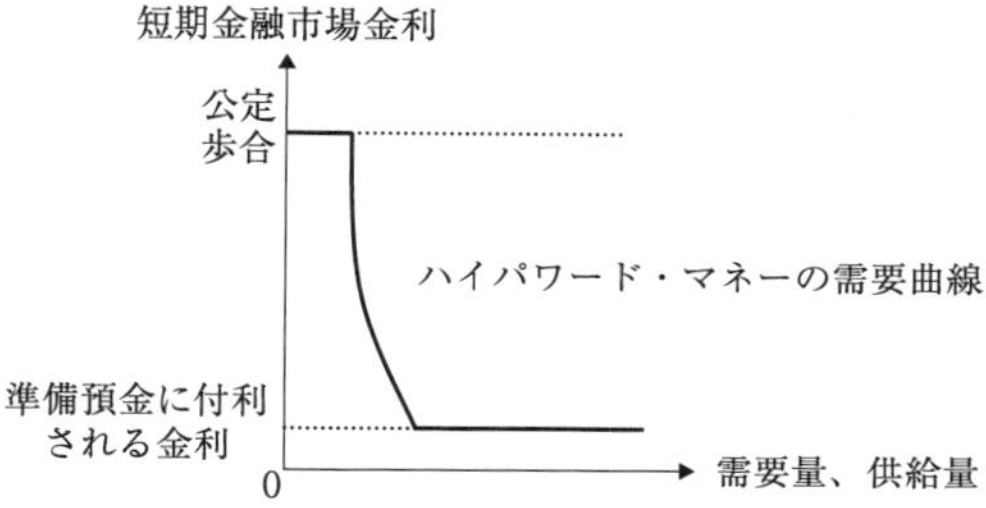

操作」と呼ばれるものが存在する。これは、法定されている預金準備率を上げ下げする操作で、ハイパワード・マネーの需要面に影響を与えることができる手段である。法定されている預金準備率を引き上げれば、他の条件を一定とする限り、民間銀行の資金需要は増加せざるを得ない（逆は逆である）。この意味で、準備率の引き上げ（引き下げ）は、相対的には債券等の売り（買い）操作と同様の効果をもつといえる。

なお、準備預金は無利子であることが、従来は一般的であった。それゆえ、市場金利がプラスである限り、民間銀行は法定準備を超える準備預金（超過準備）をもとうとはしないといえた。しかし近年、準備預金に利子をつける（付利する）事例が増加してきている。ＦＲＢも準備預金に付利するようになっている。日本銀行も、まだ恒久的措置ではないけれども、「補完当座預金制度」と称する措置を導入し、超過準備分に付利を始めている。このとき、民間銀行のイニシアチブで好きなだけ準備預金に預けることができるのであれば、準備預金に付される金利の水準が短期金融市場金利の下限を定めることになる。

3　金融政策の効果

†金融政策の有効性

企業や家計の支出活動等に影響を与えるのは、貸借契約上の金利（名目利子率）水準ではなく、それから予想されるインフレ率を控除した実質利子率である（実質利子率＝名目利子率－予想インフレ率）。かりに四％の利率で借入をしているとしても、将来のインフレ率が〇％と予想されるときと五％と予想されるときでは、全く意味が違ってくることは容易に理解されよう。重要なのは、実質利子率の水準である。そして、長期均衡に対応する実質利子率の水準を「自然利子率」という。

換言すると、実際の実質利子率の値が自然利子率と一致していることが、長期均衡が達成されるための必要条件となる。すると、長期均衡からの経済状態の乖離を是正することが金融政策の目的であるならば、現実の実質利子率が自然利子率と乖離しないように金利コントロールを行うというのが、金融政策の課題だということになる。

ただし、中央銀行が直接にコントロール可能なのは、実質利子率ではなく名目利子率に過ぎない(より正確には、短期の名目利子率であって、企業や家計の支出活動等により関連すると思われる長期の名目利子率ではないが、この点は次々項で述べることにして、ここではその差違については無視する)。人々の予想するインフレ率に変化がないのであれば、名目利子率を引き上げれば、同じ幅だけ実質利子率も上昇することになる。しかし、名目利子率を引き上げたときに、それと同じ幅だけ予想インフレ率も高まるようだと、実質利子率は変化しないままにとどまることになる。

したがって、金融政策を有効なものにするためには、人々の予想インフレ率を安定化させることが不可欠であり、少なくとも名目利子率の変動幅に対する予想インフレ率の変動幅の割合(弾力性)が1を下回る状況を確保することが必要になる。こうした条件が成立していれば、金融政策の運営は比較的容易な仕事に過ぎない。

すなわち、景気の過熱がみられたり、インフレ率の高進が生じている(需要超過の)ときは、実際の実質利子率の水準が自然利子率を下回っているときにほかならないので、実際の実質利子率の水準が自然利子率に一致するように、名目利子率を引き上げる操作をすればよいということになる。逆に景気の後退がみられたり、デフレ傾向が生じたりしている（需要不足の）ときは、実際の実質利子率の水準が自然利子率を上回っているときにほかならないので、実際の実質利子率の水準が自然利子率に一致するように、名目利子率を引き下げる操作をすればよいということになる。

もっとも後者の場合には、名目利子率はゼロ未満にはできないという制約があるので、話はそれほど簡単ではなくなる可能性がある。例えば、経済に何らかの（かなり大きな）ネガティブなショックが加わって、その時点での自然利子率がマイナスの値をとるようになったとしよう。そのときに、長期均衡を達成するためには、実際の実質利子率もマイナスになる必要があるけれども、それは可能ではないかもしれない。

人々の予想するインフレ率がかなり高い値をとっているときには、名目利子率を十分に低下させれば、実質利子率はマイナスになる。しかし、人々の予想するインフレ率がゼロであれば、名目利子率をゼロにしても、実質利子率はマイナスにならない。したがって、自然利子率がマイナスであれば、実際の実質利子率はそれを上回っていることになり、需要不足状況が続かざるを得なくなる。

わが国が一九九〇年代に直面したのは、まさにこのような状況だったと考えられる。バブル崩壊に伴うネガティブ・ショックの結果、当時の自然利子率はマイナスになっていたと思われるが、一九八〇年代以降一貫して物価の安定が実現されてきたことから、人々の予想するインフレ率はゼロ近傍にとどまっていた。そのために、日本銀行がゼロ金利を実現しても、実際の実質利子率がマイナスの自然利子率を上回る状況を解消できず、デフレ状況を脱却することができなかった。

こうした状況では、金融政策は基本的に無力であり、自然利子率の水準を引き上げるような政策をとるしか方策はない。自然利子率の水準は、自然失業率などと同様に、実物的な要因によって決まってくる。簡便には、自然利子率は完全雇用状態の下で貯蓄と投資を一致させる利子率の水準だと考えればよい。したがって、貯蓄過剰で投資機会が乏しいと自然利子率は低下し、貯蓄不足で投資機会が豊富な場合には自然利子率は上昇する。

したがって、投資機会を見出しやすくし、貯蓄を抑制する(消費を振興する)対策をとれば、自然利子率を引き上げることが可能になる。また、自然利子率のマイナス化が一時的なショックによるものであるならば、時間の経過とともに自然利子率の上昇がみられることになると期待される。わが国の場合には、十年の歳月の経過に伴って過剰設備が解消され、投資意欲が回復したことから、自然利子率がマイナスではなくなり、十分に低下していた実際の実質利子率の下で長期均衡が復元されることになったとみられる(この点については、第4章も参照のこと）。

†金融政策ルールとフィリップス曲線

ゼロ金利制約に直面しているような特殊な場合を除けば、右記したことから、金融政策の運営は次のようなルールで近似されるようなものになると考えられる。すなわち、

政策金利＝α×インフレ率ギャップ＋β×需給ギャップ＋定数項

である。ここで、政策金利とは誘導対象となっている短期金融市場金利のことであり、αとβは正の係数である。また、インフレ率ギャップとは、現実のインフレ率と中央銀行が望ましいと考えているインフレ率の差のことであり、需給ギャップとは、実現したＧＤＰの大きさと潜在的に達成可能な供給額（これを潜在ＧＤＰという）の差を後者で除して指数化したものである。

したがって、この式の意味しているところは、実際のインフレ率が適正水準を上（下）回ったら政策金利を引き上（下）げる、また経済の総需要が供給能力を上（下）回ったら政策金利を引き上（下）げるということにほかならない。実際の金融政策の運営がこうした式でうまく近似できることは、スタンフォード大学のジョン・テイラー教授によって最初に指摘されたことから、この関係式はテイラー・ルールと呼ばれている。そして、米国

の場合のみならず、過去の日本銀行の行動についても、α＝1・5、β＝0・5としたテイラー・ルールでかなりよく説明できることが知られている。

なお、人々の予想インフレ率を安定化させるためには、α＞1でなければならない。すなわち、現実のインフレ率が一％上昇したら政策金利を一％超引き上げ、実質利子率を上昇させ、インフレを抑制する姿勢を中央銀行は示す必要がある。こうした姿勢をとることが、人々の予想するインフレ率を発散させないためのアンカーになると考えられる。こうした主張は、テイラー原理と呼ばれている。

近年のマクロ経済学のモデルとしては、従来のLM曲線（貨幣供給と貨幣需要の一致条件を示す式）に代えて、テイラー・ルールのような金融政策ルールを考え、それにIS曲線（財・サービスに関する需給の一致条件を示す式）と供給面の条件を示すものとしてのフィリップス曲線を加えた三つの式（金融政策ルール、IS曲線、フィリップス曲線）から構成される分析枠組みが標準的なものとなってきている。

なお、失業率とインフレ率（あるいは製品コストの大宗をなす名目賃金の上昇率）の間に負の関係があることは、かねてから統計的に確認されており、その発見者の名前をとってフィリップス曲線と呼ばれている。具体的にはフィリップス曲線とは、

インフレ率＝γ×（自然失業率－実際の失業率）

といった関係を意味している（γは、正のパラメータ）。

既述のように、実際の失業率が自然失業率を下回っているときは、労働に関して総需要＞総供給となっているときなので、名目賃金に上昇圧力が生じると考えられる。そのために、コスト・アップから物価の上昇が引き起こされるとみられる。逆は、逆である。当初、こうしたフィリップス曲線の存在は、景気をよくして失業を減らそうとすれば、ある程度の物価上昇を受け入れなければならないという「景気と物価安定の間のトレードオフ（相反関係）」を示すものだと解釈されてきた。

しかし、そうした考え方に反対してM・フリードマンなどによって、フィリップス曲線は将来のインフレ予想を考慮するかたちで修正して理解すべきだという主張がなされるようになった。というのは、労働市場の需給関係が同じでも、将来高いインフレ率が予想される場合には、高い賃金上昇率が労働者から求められるはずであり、企業もそれを受容するはずだからである（逆は逆）。

こうした主張に従えば、

インフレ率＝将来の予想インフレ率＋γ×（自然失業率－実際の失業率）

というのが、本当のフィリップス曲線だということになる。あるいは、「自然失業率－実際の失業率」は需給ギャップとほぼ比例するとみられる（このことを「オーカンの法則」と

いう）ので、

インフレ率＝将来の予想インフレ率＋δ×需給ギャップ

であると考えることが正しいということになる（δは、正のパラメータ）。

供給面の条件を示すものとして近年のマクロ経済学で用いられているのは、最後のようなタイプの式である。留意すべき点は、そこに将来の予想インフレ率という未来に関わる(forward-looking な）要因が含まれていることである。需要面における企業や家計の支出活動等に影響を与えるのが実質利子率であるので、そこでも予想インフレ率が影響してくる。このために経済の動きは人々の将来に関する予想（あるいは期待）によって強く左右されるという特性をもつことが、現代の経済学では重視されるようになっている。

†利子率の期間構造

既述のように、家計や企業の支出行動に影響を与える金利は、貸出金利や国債の利回りといった比較的に長い期間に対応する利子率の値である。これに対して中央銀行が決めることのできる政策金利は、きわめて短い期間に対応する利子率の値であるに過ぎない。では、短期の利子率を操作することで、どのようにして長期の利子率に効果を及ぼすことができるのであろうか。

図表3－4　利子率の期間構造の例

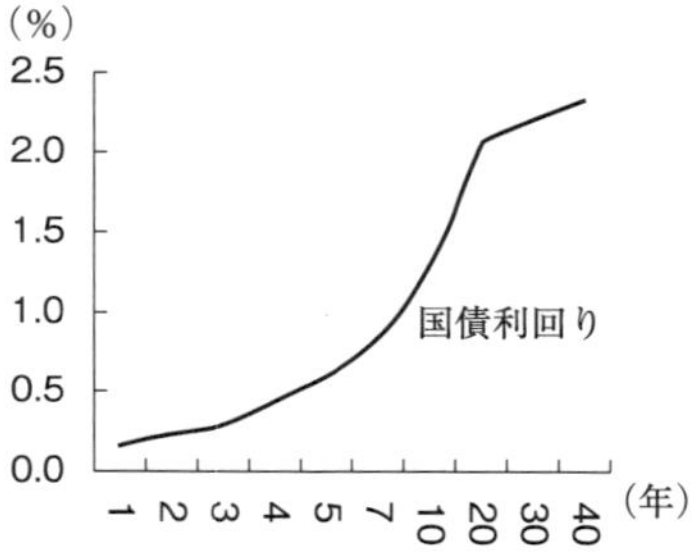

出所：Bloomberg
（注）2009年9月2日のデータに基づく

満期までの残存期間の長さに応じて（一年あたりに換算した）利子率の値がどのようになっているかを「利子率の期間構造」という。横軸に満期までの残存期間、縦軸に利子率をとって、この関係を図示したものを「イールド・カーブ（利回り曲線）」という。金利の期間構造の決定に関しては、期待仮説と呼ばれる考え方が基本となる。

例えば、資金を二年間借りたいと思っているときにも、最初から二年満期で借りることもできるけれども、一年満期で借りて、一年後にまた一年満期で借り換えるという選択も可能である。極端なケースとしては、一日ごとの借入を七百三十回繰り返すということもできないわけではない。これらの選択肢の間で、人々はできるだけ有利なやり方を選ぼうとするはずである。

すると、裁定のメカニズムが働いて、将来に関する不確実性や取引費用が存在しないような状況であれば、資金を最初から二年満期で借りるときのコストと一年ごとに借り換える場合(や他の場合)のコストとは等しくなるはずである。すなわち、そうした状況では、n日満期の借入の利子率は、今日からn日後までの毎日の一日物金利の平均値になるはずである。

現実の世界では、将来に関する不確実性も取引費用も存在するけれども、基本的には同様の命題が成立するという考え方を「利子率の期間構造に関する期待仮説」という。要するに、「n日満期の借入の利子率は、今日からn日後までの毎日の予想(期待)される一日物金利の平均値になる」というのが、期待仮説である。

不確実性の存在その他からプレミアム(上乗せ)がつく等の修正があるとしても、基本的には期待仮説のような考え方が成り立つのであれば、長期利子率は、中央銀行が今日決める短期金融市場金利の水準のみならず、明日以降、中央銀行が短期金融市場金利をどのような水準に誘導しようとしている(あるいは、誘導することになる)と他の経済主体が予想しているかによって決まることになる。

それゆえ、中央銀行が長期利子率に影響を及ぼして政策効果をあげるためには、自らが明日以降どのような行動をとるかを他の経済主体に伝えて、中央銀行にとって望ましいような予想形成がなされるように働きかける必要がある。

その際に、中央銀行にとって望ましいような予想形成がなされるように、民間主体を欺く（やるといっておいてやらない、あるいは、やらないといっておいてやる）ということもあり得ないわけではないけれども、金融政策が一回限りの出来事ではない以上、そうした行動は、評判の低下につながって長期的には得策ではないと考えられる。結局、中央銀行にとっては、正直に自らの経済予測と政策判断を伝えることが最善だといえる。

こうした事情から、中央銀行の独立性と並んで透明性に関しても、近年大きな進展がみられるようになってきている。かつては秘密主義で、自らの意図を市場に知られまいとしていた中央銀行が、いまでは積極的にその意図を市場に伝えようとしている。現代の中央銀行には、外部とのコミュニケーションを重視することが不可欠になっている。

コミュニケーションの結果として、中央銀行の行動原理（どのような金融政策ルールに従っているか）が民間の経済主体にも周知のものとなれば、将来にわたって中央銀行が短期金融市場金利をどのような水準に誘導しようとするかについての民間主体による予想形成は容易になると期待できる。すると、中央銀行の意図を的確に反映した利子率の期間構造が形成されることになりやすいといえる。

第４章
資産価格とそのバブル

1　資産価格の決定

†現在価値と資産価格

前章の終わりで説明した「利子率の期間構造」が与えられていて、満期までの残存期間がt年の利子率が r_t だとしよう。すると、t年後の一万円の「現在価値」は、$\frac{1}{(1+r_t)^t}$ 万円になると考えられる。現在価値というのは、将来時点での購買力と等価だ（価値の大きさが等しい）とみなせる現在時点での購買力の大きさという意味である。例えば、満期までの残存期間三年の場合の利子率が二％であるとすると、三年後の一万円の現在価値は、$1.02^3=1.061$で、その逆数は0.9423になることから、約九四二三円であると計算できる。

逆にいうと、いま九四二三円あれば、それを満期までの残存期間三年の安全な（デフォルトの可能性のない）金融商品の購入にあてると、利子率が二％であるので、一年後には9423×1.02=9611円に増え、二年後には9423×1.02×1.02=9803円に増えることになり、満期を迎える三年後には9423×1.02×1.02×1.02=9423×1.02^3=10000円になる。したが

図表4－1　現在価値への換算

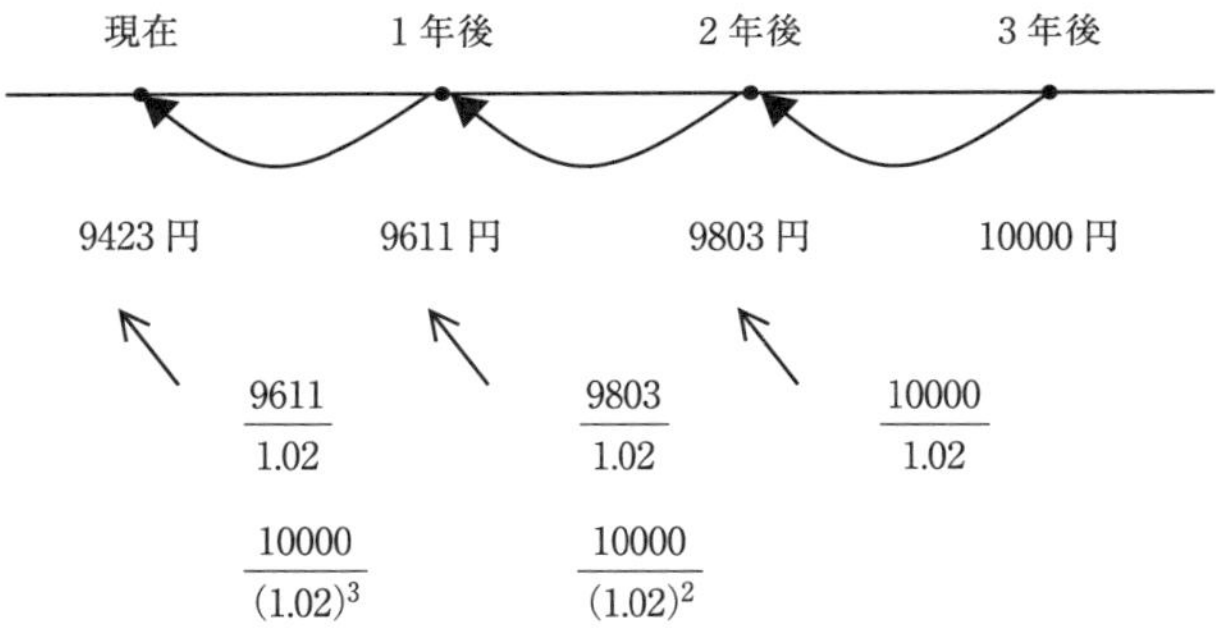

って、いま九四二三円あれば、三年後に一万円を確保できる。この意味で、三年後の一万円と現在の九四二三円は等価だと考えるわけである。

現在価値の計算においては、ここでの例（1.02の三乗）のように複利計算を行うことに留意されたい。一年目の終わりに得た金利は、二年目以降の運用の原資になるからである。金融商品のみならず、土地のような実物資産についても、これから述べる考え方は共通して適用できるので、この章では、両者を総称して「資産（asset）」と呼ぶことにする。

ここでいう資産とは、その保有者に収入（「キャッシュフロー」と呼ぶことも多い）をもたらすものだといえる。そこで、ある資産一単位を保有していると、一年後にC_1、二年後にC_2、……n年後にC_nの収入が得られるとしよう（実際に収入が得られる間隔は一年とは限らないが、ここでは説明の簡便化のために間隔が一年であると仮定する）。そして、ｎ＋１年後からは、何も得られないとする。すると、この資産一単位と｛C_1、C_2、…、C_n｝という収入の流列は、経済的な意味では同一視することができる。

まず、この収入の流列がすべて確実なものである場合を考えることにする。これは、当該の資産が国債のようなものの場合である。第１章で述べたように、国債は負債契約の一種で、将来提供されるお金の額はあらかじめ確定しており、国が債務不履行を起こすとも考えられないので、将来の収入はすべて確実だとみなせる。

この場合に、一年後の収入C_1の現在価値は$\frac{C_1}{1+r_1}$であり、二年後の収入C_2の現在価値は$\frac{C_2}{(1+r_2)^2}$、……ｎ年後の収入C_nの現在価値は$\frac{C_n}{(1+r_n)^n}$だということになる。すると、資産の（現在）価値Pは、それらの合計、すなわち

$$P=\frac{C_1}{1+r_1}+\frac{C_2}{(1+r_2)^2}+\cdots+\frac{C_n}{(1+r_n)^n} \quad (＊)式$$

であると考えられる。というのは、いまPだけのお金があれば、それを適切に満期までの残存期間が１～ｎ年の安全な金融商品の購入に配分すれば、この資産がもたらす収入の流列と全く同じ収入の流列を得ることができるからである。

このように、それがもたらす収入の現在価値の合計として定義される資産の価値は、その資産の「ファンダメンタル価値」あるいは「理論価格」と呼ばれる。そして、当該の資産について活発な市場取引が行われている場合には、裁定が働いて、実際に資産につく市場価格はファンダメンタル価値に一致することになると期待できる。裁定とは、実質的に同一物であるものに異なった価格がついている(一物多価の)場合に、安く買って高く売ることで、そのさやを稼ごうとする行動のことである。裁定が活発に行われると、一物多価の状態は解消されて、一物一価に向かうことになる。

資産市場においても、ある資産の市場価格がその資産のファンダメンタル価値よりも高ければ、その資産を買うよりも、ファンダメンタル価値分のお金を他の金融商品の購入に配分した方が(右記したように、うまく配分すればより少ないお金で同じ収入の流列を得ることができるので)得だということになって、その資産に対する需要は減少し、市場価格に下落圧力が作用することになる。逆に、ある資産の市場価格がその資産のファンダメンタル価値よりも低ければ、他の金融商品の購入に回していたお金を当該の資産の購入に向けた方が得だ(より多くのキャッシュフローが得られる)ということになって、その資産に対する需要は増加し、市場価格に上昇圧力が作用することになる。

この結果、資産の市場価格はそのファンダメンタル価値と一致し、将来のキャッシュフローについても一物一価が成立することになる。以上が、資産価格の決定に関する標準的な考え方である。ただし、資産の市場価格がそのファンダメンタル価値から乖離する状態が一定期間持続することが全くあり得ないわけではない。そうした事態が「バブル」と呼ばれるものにほかならない。しかし、バブルについては次節以降で考察することにして、もう少し標準的な考え方にそって説明を続けることにする。

†キャッシュフローが不確実な場合

以上では、資産の保有者に将来もたらされる収入の大きさが確定している場合を取り上げてきた。次に、資産から得られる収入の大きさが不確実な場合（要するに、リスクが存在する場合）には、どう考えればいいかを述べることにする。資産から得られる収入の大きさにリスクが伴う場合とは、C_1とかC_nが定数ではなく、確率変数であることを意味している。このとき、結論的には先にみた（＊）式の分子を修正する方法と分母を修正する方法とがあり得る。

前者は、C_1とかC_nといった確率変数の確実性等価（certainty equivalent）と呼ばれるものを代わりに用いて計算するというものである。確実性等価とは、変動する可能性のある不確実な収入の大きさと同じ満足度を投資家に与える確定した収入の大きさのことである。

投資家のリスクに対する選好に応じて、C_1とかC_nといった確率変数の確実性等価とそれらの確率変数の期待値（平均値）とは違ってくる。

確実性等価が期待値（平均値）と同じ大きさになるような選好を投資家がもっている場合に、その投資家はリスク中立的であるという。これに対して、確実性等価が期待値（平均値）よりも小さな値になるような選好を投資家がもっている場合に、その投資家はリスク回避的であるといい、確実性等価が期待値（平均値）よりも大きな値になるような選好を投資家がもっている場合に、その投資家はリスク愛好的であるという。

多くの場合に、投資家はリスク回避的であると想定される。したがって、確実性等価が期待値（平均値）よりも小さいということになるが、どれくらい小さな値になるかは、投資家の選好を正確に知らなければ分からない。また、投資家ごとに（大富豪か貧しい若者かによっても）選好は違う可能性があるので、どの投資家の確実性等価を用いればよいかを判断することもきわめて困難である。

そこで、もう一つの、分母を修正する方法が用いられることが一般的である。この方法は、分子には不確実なキャッシュフローの期待値（平均値）を使い、分子の利子率に相当する割引率として、利子率にリスク・プレミアムを加えた必要収益率（required rate of return）を用いて計算するというものである。すなわち、

$$P=\frac{EC_1}{1+r_1+\rho_1}+\frac{EC_2}{(1+r_2+\rho_2)^2}+\cdots+\frac{EC_n}{(1+r_n+\rho_n)^n} \quad (**)式$$

として、ファンダメンタル価値を定義する方法である。

ここで、EC_1とかEC_nとかは、C_1とかC_nといった確率変数の期待値（平均値）を表している。また、ρは、リスク・プレミアムの大きさを示している（リスク・プレミアムも、一般には満期までの残存期間に応じて異なる可能性があるので、時間を表す添え字をつけてある）。

ただし、この後者の方法でも、リスク・プレミアムとしていかなる値を用いるべきなのかという難問が残っている。換言すると、資産のファンダメンタル価値を求めるという問題の本質は、適切なリスク・プレミアムの値を求めるというところにある。

ファイナンス理論の中でも資産価格決定論（asset pricing）と呼ばれる分野では、一貫してこの問題に解答を与えようとして取り組みが行われてきた。その（初期の）代表的成果にCAPM（capital asset pricing model）と呼ばれるものがあり、資産価格の評価に関する実務では、こうした理論が用いられている。

しかし、その内容にまで立ち入って説明を行うことは、本書の守備範囲を超えるものであるので、省略せざるを得ない（適当なファイナンス論の教科書を参照されたい）。ついては本書では、適切なリスク・プレミアムの値は何らかのかたちで知られているものとして、先に進むことにする。

†債券価格と株式価格

これまでの議論の応用として、債券価格と株式価格(株価)の決定について考えてみよう。まず、一般的な「利付債」と呼ばれるタイプの債券を取り上げる。

利付債には、一枚ごとに額面価格Fと呼ばれるものが決まっている。満期を迎えたときには、債券と交換に、この額面価格分のお金が元本として返済されることになる。そのほかに、債券の保有者には定期的に(実務的には半年ごとであることが多いが、ここでは説明の簡便化のために一年ごとだとの仮定を続ける)一定額のクーポン(利子)cの支払い(利払い)が行われる。

要するに、満期までの残存期間がn年の利付債は、デフォルト(債務不履行)の可能性がなければ、$\{c, c, \cdots, c, c+F\}$という収入の流列をもたらすことになる。したがって、その市場価格(ファンダメンタル価値に等しいとする)は、

$$P=\frac{c}{1+r_1}+\frac{c}{(1+r_2)^2}+\cdots+\frac{c}{(1+r_{n-1})^{n-1}}+\frac{c+F}{(1+r_n)^n}$$

であると考えられる。

なお、このPの値を所与として、

$$P=\frac{c}{1+r_y}+\frac{c}{(1+r_y)^2}+\cdots+\frac{c}{(1+r_y)^{n-1}}+\frac{c+F}{(1+r_y)^n}$$

という関係を満たす一律のr_yの値を計算することができる。こうした計算されたr_yの値をこの利付債の満期利回り（yield to maturity）という。満期利回りr_yの値が、残存期間がｎ年に対応する利子率の値と等しいとは限らず、両者は別の概念である。

また、クーポンの額面価格に対する比率c/Fをクーポン・レートと呼ぶが、これもまた別の概念である。満期には$F-P$の償還差益（損）が発生することになるので、クーポン・レートが低くても多額の償還差益が発生するような場合には、満期利回りは高くなる。他方、利付債ではない$c=0$であるタイプの債券を「ゼロ・クーポン債」または「割引債」と呼ぶ。ゼロ・クーポン債の保有者にとっては、償還差益だけが収入となるので、必ず取引価格は額面価格よりも低くなる、すなわち、割引されることになる。

債券についても、デフォルトのリスクがある場合には、cやFの代わりにその期待値

（平均値）を用い、割引率にも利子率にリスク・プレミアムを加えたものを用いて、価格の計算を行う必要がある。

これに対して株式の場合には、そもそも契約の段階から確定した額の支払いが約束されているわけではないので、期待値を用いるしかない。より簡単な場合を考えることにして、期間にかかわらず利子率の値が同一である（$r = r_1 = r_2 = \cdots = r_n = \cdots$）場合（これを利回り曲線が平坦である場合という）を仮定しよう。さらにリスク・プレミアムの値も、残存期間の長さにかかわらず一定であるとしよう。すると、株価Sは、

$$S=\frac{D_1}{1+\mu}+\frac{D_2}{(1+\mu)^2}+\cdots+\frac{D_n}{(1+\mu)^n}+\cdots$$

となるといえる。ただし、D_tはt年後に受け取れる配当の期待値であるとする。また、μは利子率にリスク・プレミアムを加えた必要収益率であるとする。

特別な場合として、配当額が一定率gで成長するケースを考え、$D_t=(1+g)^{t-1}D_1$であるとすると、無限級数の和を求める計算をすれば、$S=\frac{D_1}{\mu-g}$となることが分かる。さらに、利益のうち配当される割合（配当性向）が時間を通じて一定であるとし、その割合をα、一年後の一株あたりの利益をR_1と書くことにすると、$\frac{S}{R_1}=\frac{\alpha}{\mu-g}$となる。

最後の式の左辺は、株価が一株あたりの利益の何倍かを示しており、一般にPER(price earning ratio) と呼ばれている。この式から、(足下での一株あたりの利益の大きさを含めて) 他の条件が一定であっても、成長する期待 (g) が大きいほど、株価は高くなり、PERは大きくなることが分かる。同様に、他の条件が一定であれば、利子率あるいはリスク・プレミアムのいずれか、または両者が低下することによって、必要収益率 μが低下すれば、株価は高くなり、PERは大きくなると考えられる。

2 バブルの生成と崩壊

†根拠なき熱狂

既述のように、ある資産の市場価格がその資産のファンダメンタル価値から乖離していたならば、裁定取引によって利益をあげる機会が存在することになる。そして、裁定取引は、結果として、当該資産の市場価格とファンダメンタル価値の乖離を解消させるような効果をもつことになる。したがって、流通市場が発達していて、活発な裁定行動がみられる状況においては、資産の市場価格はその資産のファンダメンタル価値に一致するはずである、というのが標準的な考え方である。こうした考え方は、「効率市場仮説（efficient market hypothesis）」と呼ばれている。

しかし、資産の市場価格がそのファンダメンタル価値から乖離する状態が一定期間持続するとみられる事態が起こることがある。こうした事態は、一般に「バブルの発生」と呼ばれている。ただし、注意すべき点は、将来に関する不確実性が存在する現実の世界では、ファンダメンタル価値を知ること自体に大いなる困難が伴うということである。それゆえ、通常バブルと呼ばれている現象の中には、ファンダメンタル価値からの乖離というよりも、ファンダメンタル価値の評価そのものが上振れしたとみた方がよい場合も少なくない。

前節の最後部分で述べた株価の決定に関する考え方は、資産価格一般に関する決定に適用できる普遍性をもっている。すなわち、そこで述べたように、足下の利益の大きさに変化がなくても、投資家の求める必要収益率が低下するか、将来もたらされる利益に関する成長期待が高まれば、資産価格は上昇することになる。この意味で、資産価格の持続的な上昇がみられたとしても、直ちにバブルであるということにはならない。

例えば、利子率の低下を促すような緩和的な金融政策が長期間とられれば、低金利状況がこれからも長く続くという期待が市場参加者の間に生まれて、その分だけ投資家の求める必要収益率が低下し、資産価格が上昇することになるのが、むしろ自然である。ところが、その後、投資家の期待を裏切るようなかたちで金融政策の転換が行われて、利子率の上昇が起これば、その時点で資産価格は下落することになる。こうした事態に関しては、市場参加者に不適切な期待を抱かせるような金融政策の運営は資産価格の乱高下を招く、ということはできても、バブルの生成と崩壊というにはあたらない。

なお、このことに関連して、資産価格を金融政策の運営にあたってどの程度まで考慮に入れるべきかという論点が存在する。第3章で述べたように、現在における金融政策の目標は「物価の安定」であることがコンセンサスとなっている。そして、このときの物価としては、消費者物価が想定されていることが一般的である。それでは、消費者物価が安定している、あるいはむしろ下落傾向(デフレ)にある一方で、資産価格は低金利状態の長期化の期待から上昇している場合に、中央銀行は、利子率を低いままに維持すべきなのか、あるいは将来の資産価格の乱高下を予防するために利子率を引き上げるべきなのか。

これは、きわめて難しい問題であり、まだ一致した答えは確立していない。各国の中央銀行関係者の間でも、FRBビューとBISビューと呼ばれるような考え方の違いがあることが知られている。もっとも、インフレーション・ターゲティング的な枠組みでは、資産価格の動向は無視されがちであるけれども、(後述する)近年の米国での金融危機の経験などを踏まえると、金融政策運営にあたって、資産価格の動向に対してもっと関心を払うべきであるという意見は強まってきているといえる。

また、何らかの理由で投資家が将来に関して過度に楽観的になって、その結果としてリスク・プレミアムが低下する、あるいはきわめて強気の成長率期待が形成されることで、資産価格の上昇が起こったとしよう。この場合に、将来に対する楽観ないしは強気の期待に(その時点で)十分な根拠があったのであれば、事後的にそうした期待が誤りであったことが判明したとしても(そのときには資産価格は下落する)、それもバブルの生成と崩壊というにはあたらない。

これに対して、将来に対する楽観ないしは強気の期待がさしたる根拠もなしに生じていて、そうした「根拠なき熱狂」に基づいて資産価格の高騰が発生し、その後に期待の(正当な)修正が行われることになって、資産価格の下落が起こったような場合には、バブルだったということができよう。ただし、この場合は、事後的に(冷静になって)判断したファンダメンタル価値に比べて市場価格が上振れしていたということであって、バブルの最中に(主観的に)信じられていたファンダメンタル価値から市場価格が乖離していたということにはならない。

確たる根拠もないままに、将来に対する楽観ないしは強気の期待が抱かれるようになるというユーフォリア（陶酔）的な社会状況は、歴史上、繰り返し起こっている。どうしてそうしたユーフォリアに陥るのかについては、狭義の経済学では説明の困難な、社会心理的現象だとしか言いようがない。それゆえ、一般論を述べることはできないけれども、ユーフォリアをもたらすことになる時代的な雰囲気がどのようなものかの一例として、一九八〇年代後半の日本の場合をみておくことにしよう。

†日本の経験

一九八六年頃から、日本ではバブルの兆しがみられるようになる。すなわち、日経平均株価は、八六年一月末に一万三〇二四円であったのが、その後上昇の速度をあげて、ピークをつけた八九年十二月末には三万八九一五円とほぼ三倍にまで上昇する。株価に並ぶ資産価格のもう一つの代表である地価については、株価にやや遅行するかたちで上昇が始まり、市街地価格指数でみると九〇年九月にピークをつけている。地価の上昇は東京から始まり、大阪や名古屋といった主要都市に広がり、さらには全国に拡大していった。

こうした資産価格の上昇は、いまから振り返ると、収益面での強気の期待やリスク・プレミアムの低下につながったユーフォリアまたは「国民の自信」の強まりという要因と、長期間継続した金融緩和政策による低金利状況という要因の二つが組み合わさることによ

図表4－2　日経平均株価（月末値）

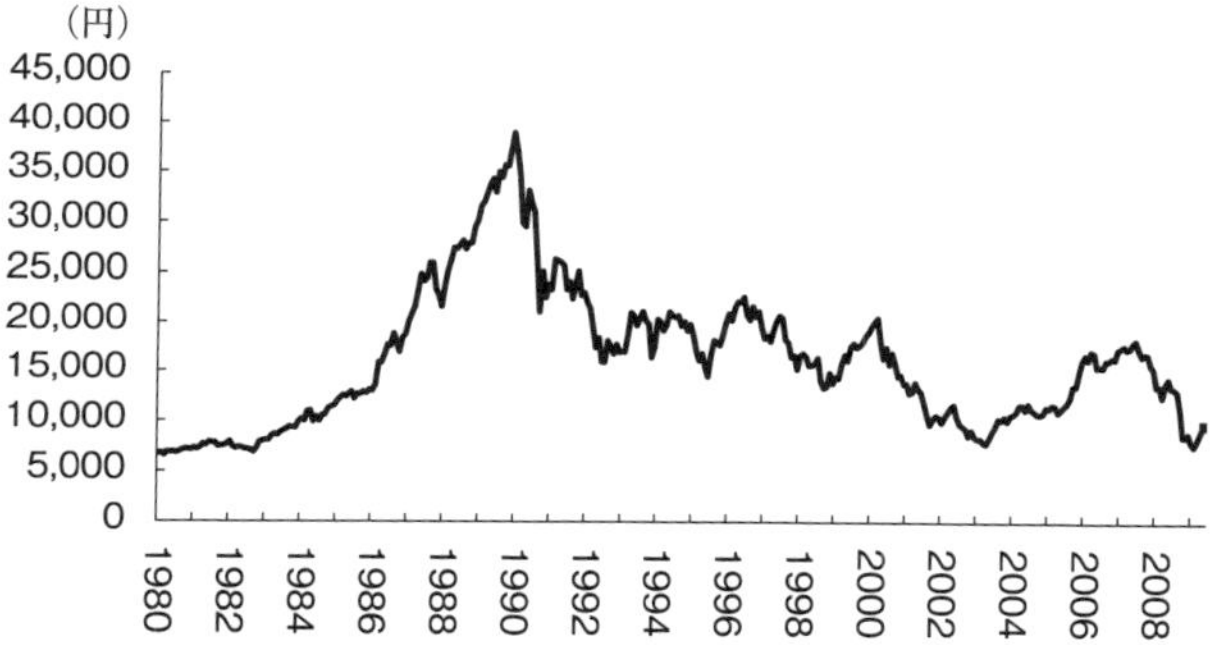

出所：日本銀行（http://www.boj.or.jp/theme/stat/）

って発生したと考えられる。このときに、ユーフォリアまたは「国民の自信」の強まりをもたらすことになった時代的な雰囲気とは、まさに日本が国際的なプレゼンスを急激に高めるという勃興局面にあったということに伴うものである。

一九七〇年代中に日本は開発途上段階を最終的に終了し、先進国化していた。しかし、そこに二度にわたる石油ショックが襲った。そうしたショックには脆弱であるというのが、当時の日本経済に関する内外を問わない共通認識であった。実際、第一次石油ショックの際には大きな打撃を受け、戦後はじめてのマイナス成長に陥るとともに、高インフレを招来させてしまった。

ところが、第二次石油ショックの際には、事前には同様の事態が懸念されていたにもかかわらず、欧米諸国がスタグフレーション（不況とインフレの共存）に悩まされる中で、日本経済は比較的軽微なダメージでそれを乗り越えることができた。この経験は、組立加工産業を中心とした日本の製造業が高い国際競争力をもつに至っていることを認識させ、日本経済に対する国民の自信を向上させた。

次いで、八五年九月のプラザ合意を迎えることになる。八〇年代前半は、米国はレーガン政権の下で「強いドル」を望ましいとする経済政策をとっていたが、その結果、日米の経常収支の不均衡は一段と拡大し、経常収支赤字を続けた米国の対外純資産はマイナス化する勢いとなった。そして、ついに国際協調によって不均衡を是正するという合意がなされることになり、為替レートは急激な円高（実は、レーガン政策によってそれまでのトレンドよりも円安になっていた分が修正されて、ファンダメンタルズを反映した元のトレンドに戻っただけだが）に向かうことになった。

それに伴う「円高不況」に対応すべく金融緩和政策が実施されることになる。この「円高不況」は、懸念されていたほど深刻なものでないことがしばらくして判明するが、経常収支不均衡の是正のための内需拡大の強い要請があり、金融緩和政策はそのまま継続されることになる。円高の進行は、ドル換算して表示した場合における日本経済のプレゼンスを著しく増大させることになった。

例えば、米国の対外純資産がマイナスになるのとは逆に、日本の対外純資産のドル建てでみた値は増大する一方で、「世界最大の債権大国」になるに至った。このことは、日本人に大国意識をもたらすことになったといえる。また、日本の輸出産業の成功から、それまで後進的で劣ったものとされることが多かった日本型の経済システムや「日本的経営」が一転して高い評価を受けるようになり、日本人の間に優越感、ひいては慢心のようなものを引き起こすようになった。

これらが、ユーフォリアまたは「国民の自信」の強まりをもたらすことになった時代的な雰囲気だということができよう。なお、こうした中で、わが国金融機関のドル換算した資産規模も膨大なものとなり、資産規模でランキングすると世界のベストテンを邦銀がすべて独占するといった事態になった。このことは、日本の金融機関に国際競争力があるという錯覚を抱かせるようになる。

これがまさに錯覚でしかなかったことは、九〇年代以降に明白になるが、当時は競争力があると信じられており、そのマザー・マーケットである東京は「国際金融センター」化するといわれていた。そして、この東京の国際センター化に伴うオフィス需要の増大といった話が、地価上昇を正当化する「物語」として流布することになった。この種のもっともらしい(しかし、正しいとは限らない)「物語」がバブルの発生には必ず伴うものである。

†資産市場の情報発信機能

たとえバブルが発生し、崩壊したとしても、資産価格が上昇し、その後下落したということにとどまっている限りは、所得分配の変更は生じるとしても、直ちに実体経済に悪影響が生じるとはいえない。というのは、資産価格が高かったときにある資産を購入した者は、資産価格が下がれば確かに損をすることになるけれども、その裏側で、資産価格が高かったときにその資産を売却した者は、得をしているということになるからである。すなわち、社会全体でみれば、資産価格の変動の直接的な効果はゼロ・サムにしかならない。

バブルの発生が実体経済に悪影響を及ぼすには、(根拠のない) 資産価格の上昇が誤ったシグナル (信号、メッセージ) を企業や家計に送ることになって、実体経済面での歪みを作り出すことになるからである。例えば、バブル期の日本経済の場合には、民間設備投資のGDPに占めるシェアが、一九八〇年代の前半には一三%前後であったものが、九〇年度には一九・三四%まで拡大している。

要するに、八〇年代後半からの日本においては、単に資産価格が上昇していただけではなく、強気の成長率期待を背景に過大な実物投資が (九二年頃まで) 行われていた。こうした過剰蓄積 (over-accumulation) が起こったがゆえに、その後の実体経済の悪化がもた

図表4－3　1980年度以降の民間設備投資／GDP比率の推移

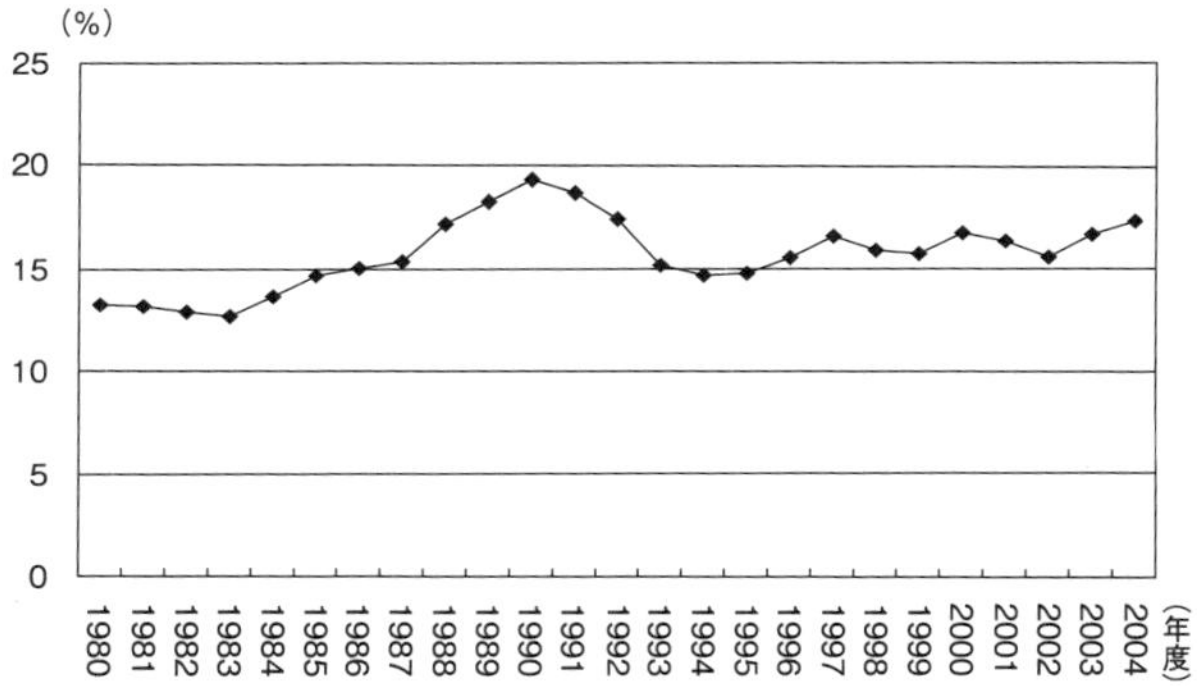

らされたといえる。

バブルの崩壊は、強気の成長期待の消滅を意味する。正気に戻って将来の成長率を予想し直すと、過剰蓄積の結果として形成された設備は過剰なものであり、それに伴い雇用した人員も過剰なものであった。また、設備投資のための資金の多くは債務を負うことで調達されていたが、過剰化した設備は当初期待したような収益を生むものではなく、債務返済の負担は過重なものになってしまっていた。その意味で、債務も過剰となった。

こうしたいわゆる三つの過剰（過剰設備、過剰雇用、過剰債務）という実体経済面での歪みを日本の企業部門が抱えてしまったことが、その後の「失われた十年」といわれた日本経済の長期低迷をもたらすことになった。過剰設備を抱えている状態で、積極的に投資をしようという企業は存在しないから、完全雇用水準の下で投資と貯蓄の一致を実現する実質利子率（＝自然利子率）の水準はマイナスとなり、第3章でみたように、ゼロ金利政策がとられてもデフレ的な状況から脱却することができなかった。

企業部門のリストラ努力もあって、三つの過剰は二〇〇二年頃には解消に向かう。加えて海外からの需要の拡大が起こったこともあって、輸出型の製造業が復活し、躍進を遂げることになり、それに牽引されるかたちで日本経済はようやく長期低迷から脱却することになった。日本の場合には、バブルの生成と崩壊の過程で、大きな実体経済面での歪みが作られることになったので、その後遺症も甚大なものになったといえる。

こうした経験からの教訓として指摘できることは、資産価格ができるだけ正確な情報を反映するかたちで適正に形成されることの重要性である。資産価格の水準や動きは、企業や家計が経済的な意思決定を行おうとする際に有益な参考となる材料である。株価の動きは、例えば、どのような産業分野の成長性が高く、どのような産業分野のそれが低いかについて示唆してくれる。

このように重要な判断材料を提供するという意味で、資産市場（資本市場）は、資産価格の形成を通じて広く世の中に対して情報を発信するという機能を果たしているととらえることができる。そして、この資産市場の「情報発信機能」こそが、資産市場のいろいろな機能の中でも最も重要なものであるというのが、標準的なファイナンス理論の考え方である。わが国では、例えば株式市場について、資金調達の場とか資産運用の場としてしかみないことが多いけれども、より大切なことはいかなる価格形成が実現されているかである。

市場で形成される価格が（正確な情報に基づいて推計された）ファンダメンタル価値から乖離したものであれば、既述のように、誤った情報（シグナル）を企業や家計に送ることになって、それらの経済活動をミスリードして、実体経済面の歪みを引き起こしてしまうことになりかねない。そうした歪みの発生を回避するためには、市場価格はファンダメンタル価値に一致するような価格形成が実現されなければならない。

実際に、ファンダメンタル価値に一致するような市場価格の形成が行われている場合に、その資産市場は「効率的市場（efficient market）」であるという。実在する種々の資産市場がどの程度までに効率的市場であるのか、あるいは全くそうでないのかは、実証の問題であって、先験的に断定できることではない。しかし、効率的市場となるように努力をすることは、これまで述べてきた理由から望ましいことだといえる。

3　ミス・プライスの持続

†エイジェンシー問題

前節の議論では、ユーフォリア的な期待が支配している状況の下で主観的に信じられているファンダメンタル価値から市場価格が乖離しているわけではなかった。しかし、バブルに関するそうしたとらえ方は、必ずしも妥当ではないかもしれない。

換言すると、むしろバブルはバブルと分かっていても止められない、プロの投資家はバブルと分かっていてもゲームから降りるわけにはいかない（「パーティで音楽が鳴っている間はダンスをやめられない」）という指摘がある。そして、近年の経済学でも、「ミス・プライス（誤った価格）の持続」、すなわち、市場価格がファンダメンタル価値から乖離していることが認識されているにもかかわらず、その乖離が是正されないで一定期間持続するという事態は起こり得るという理解が、しだいに有力になってきている。

ミス・プライスが持続する原因として考えられるものの一つが、エイジェンシー問題の存在である。現代は分業社会であって、すべてのことを自分で行うのではなく、いろいろなことを他の者に頼んでやってもらうのが、むしろ一般的である。このようなときに、頼んでやってもらう側を依頼人（プリンシパル）と呼び、頼まれて代わりにやる側を代理人（エイジェント）と呼ぶ。しかし、依頼人と代理人は別の主体であるから、代理人は依頼人にとって最善の行動をとるとは限らない。こうした問題を、経済学ではエイジェンシー問題、あるいはプリンシパル・エイジェント問題と呼んでいる。

代理人は、依頼人の利益を犠牲にして、自己の利益を優先した行動をとるかもしれない。こうした可能性は、依頼人によっても認識されているはずのことであるから、依頼人は代理人が依頼人の利益に十分配慮した行動をとるように、報酬の決め方などの面で工夫をしなければならない。こうした事情は、経済活動の様々な面で普遍的にみられることであり、資産市場における取引についても例外ではない。

すなわち、現代の資産市場において、最終的な資金の提供者が自身で資産運用をすることはむしろまれであって、専門的な運用業者に資産運用を委託するのが一般的である。このとき、最終的な資金の提供者が依頼人で、専門的な運用業者が代理人にあたるエイジェンシー問題が存在していることになる。具体的に以下では、依頼人がヘッジファンドに出資している投資家で、代理人がそのヘッジファンドの運用マネージャーである場合を考えてみよう。

運用マネージャーは、資産運用に成功して利益をあげれば、利益に比例した報酬を受け取れる。しかし、資産運用に失敗して損失を出したとしても、損失に比例した負担をするわけではない。もちろん失敗した場合には、運用マネージャーは解雇される等のペナルティは受けるとしても、ペナルティの大きさには限度があり、損失額が大きいほど、ペナルティも大きくなるということはない。この意味で、運用マネージャーに対する報酬構造は、有限責任制の性格をもっている。

有限責任制の下では、無限責任制の下（や、全額自己資金を運用している場合）に比べて、より大きなリスクをとることが個別的には合理的となるようなインセンティブ（誘因）が生まれることになる。というのは、リスク・テイクをしたことが裏目に出て損失が発生したとしても、その損失のかなりの部分は投資家に転嫁できることになるので、自分自身の負担は軽くなるからである。

こうした事実は昔からよく知られていることであって、様々な工夫によって、そうした有限責任制に伴うインセンティブの歪みを是正することが行われている。例えば、株式会社は有限責任制の組織であるので、それに資金を貸し付けている債権者は、貸付契約の中に各種の財務制限条項等を盛り込むことによって、過度のリスク・テイクが行われないように歯止めをかけるのが一般的である。

しかし、インセンティブの歪みを常に完全に除去できるわけではない。そして、右記のようなインセンティブの歪みが残存していると、投資家に損失を転嫁できる可能性が補助金を与えられるのと同一の効果をもつことになって、運用マネージャーにとっては、ファンダメンタル価値よりも（補助金相当額の分までは）割高な価格で資産を購入しても損ではないということになってしまう。

このようにエイジェンシー問題が存在すると、ファンダメンタル価値よりも割高であることを認識していても、その価格で資産を取引することがあり得ることになる。

†裁定行動の限界

ただし、何らかの理由でファンダメンタル価値よりも割高な価格で資産を購入する者がいたとしても、そのことは、他の市場参加者にとっては裁定によって利益をあげる機会となるだけではないか。要するに、一人でも合理的な市場参加者がいれば、他の市場参加者が変則的な行動をとったとしても、その合理的な市場参加者が裁定行動をとることによって、市場価格はファンダメンタル価値に一致することになるのではないか。

換言すると、ミス・プライスの持続があり得ることをいうためには、裁定行動に限界があることをあわせて示さなければならない。ミス・プライスが起こっている場合の裁定行動は、ファンダメンタル価格よりも割高となっている資産について空売り（short sale）を行い、逆にファンダメンタル価格よりも割安となっている資産を購入するといったものである。しかし現実には、こうした行動を無制限に行えるものではない。

空売りを行うためには、当該資産を保有している者からその資産を借り受ける必要があり、担保資金の手当て等の負担が生じる。そして、バブルの規模が大きければ大きいほど、市場の大勢に逆らってバブルの崩壊まで持ちこたえなければならないので、長期間にわたって巨額の資金を調達できる能力をもっていないと裁定ポジションが構築できない。そうした資金調達能力をもっていなければ、分かっていてもバブルつぶしに立ち上がれないということは考えられる。しかも、エイジェンシー問題への対策として投資家が運用マネージャーに課している条件が、裁定行動をとりにくくする制約となっている面がある。例えば、運用マネージャーは単年度ごとに運用成果を報告し、それによって評価を受けたり、損失額が一定限度を超えると強制的に運用ポジションを手仕舞うことを義務づけられていたりする。これらの措置は、エイジェンシー問題によって投資家が不要に損失を被らないようにするためには不可欠のものである。

ところが、そうした措置があると、ミス・プライスが続いている限り、当面は損になるが、ミス・プライスが解消されるまで持ちこたえれば大きな利益があげられるようなポジションをとることは難しくなってしまう。とくに、運用マネージャーの業績（パフォーマンス）は相対評価されるのが一般的である。それゆえ、自分がバブルの崩壊に賭けるポジションをとり、ライバルの運用マネージャーがバブルの継続に賭けるポジションをとっていて、次の評価時点までにバブルが崩壊しなければ、きわめて低い評価を受けるリスクがある。

こうしたリスクの存在は、運用マネージャーにとって、大勢に従うという群衆行動(herd behavior)をとることをむしろ合理的にしてしまう可能性がある。そのために、バブルと分かっていてもゲームから降りるわけにはいかないといった事態が起こり得ることになる。したがって、最終的な投資家から資金運用を委託されている機関投資家から構成されているマーケットでは、エイジェンシー問題に根ざしたかたちでミス・プライスの持続があり得ることになると考えられる。

米国は、二〇〇七年の春以降、金融危機に陥った。最初はサブプライム・ローン問題と呼ばれていたが、その後は全般的な信用市場の危機（クレジット・クライシス）に拡大し、とくにリーマン・ブラザーズの破綻以降は、実体経済にも悪影響を及ぼすかたちの危機に深化していった。こうした危機が起こった原因の一つとして、米国の投資銀行やヘッジファンドが過度なリスク・テイクを行ったことがあり、その背景には既述したようなインセンティブの歪みがあったとみられている。

ヘッジファンドの資産運用担当者や投資銀行の経営者は、業績を非常に厳しく問われ、その業績に応じて報酬が決まることになっている。それゆえ、業績を向上させたいという強いインセンティブを与えられている。ここでいう業績は、もちろんリスク負担を調整した上でのものであるけれども、実際の業績評価システムがすべてのリスクを適切に調整できるようなものになっているわけではない。

実際の業績評価システムにおいて見落とされがちなリスクの典型が、通常は起こることがないので平均的な処理が困難なテイル・リスクである。それゆえ、ヘッジファンドの資産運用担当者等は、（投資家に隠れたかたちで）テイル・リスクをとることによって、見かけ上の業績をよくして、より多くの報酬を得ることができた。

テイル・リスクとは、確率分布の裾野（テイル）に位置するような、実現する確率はきわめて小さいが、一旦起こると大きな損失につながるような希有なリスクのことである。

例えば、米国で住宅バブルの崩壊が起こるまでは、米住宅価格の一部の地域での下落はあり得るとしても、全国的下落はあり得ない、したがって地域的に分散させていればリスクは小さいと思われていた。すなわち、住宅価格の全国的下落といった事態はきわめてまれにしか起こらないから、普段は気にしなくてもよいテイル・リスクの一種であるとみなされていた。

テイル・リスクをとることによる収入増加は、そのすべてが本来は利益ではなく、かなりの部分は将来リスクが顕在化した場合に備えて留保しておかなければならない準備金（費用）である。しかるに、一部の（あるいは、かなりの）ヘッジファンドの運用マネージャーは、テイル・リスクをとることによる収入をすべて利益であると装ってきたのである。こうしたインセンティブの歪みから生じた行動によって、当時の米国の資産価格に関してはミス・プライスが続いた可能性がある。

†非伝統的な金融政策

金融政策というのは、基本的に利子率のコントロールを行うものである。すなわち、第3章で述べたように、金融機関を相手にしたオペによって名目利子率を操作し、それを通じて（名目利子率から予想インフレ率を引いたものである）実質利子率に影響を与え、現実の実質利子率と自然利子率（長期均衡実質利子率）との間のギャップを埋めようとするのが、伝統的な意味での金融政策である。

しかし、一九九〇年代の日本の場合にも、近年の米国における金融危機の場合にも、バブル崩壊後の経済低迷は深刻化しがちであって、利子率のコントロールだけでは対処しきれない局面に至ってしまうことがある。要するに、名目利子率にはゼロ未満には下げられないという制約があり、もっと実質利子率を下げたいと考えても、このゼロ金利制約に直面して名目利子率をそれ以上下げられないという事態に陥ることがある。

こうした局面に至っても、まだ金融政策にできることはあるとして中央銀行が行う取り組みは、非伝統的な金融政策と呼ばれている。非伝統的な金融政策としては、主として①量的緩和、②リスク資産の買い入れ、③極端なインフレ目標が考えられる。

このうち、①量的緩和については、わが国において二〇〇一年三月から〇六年三月の間、実施された。これは、政策金利をゼロまで下げた後、操作目標を金利からハイパワード・マネーに切り替え、後者の量的増大を目指すものである。ただし、ハイパワード・マネーのうち現金の部分については、中央銀行としては家計や企業の需要に応じて受動的供給するしかないので、準備預金の部分をターゲットとすることになる。日本の場合には、準備預金残高に目標値を定め、国債の買いオペの拡大などによって、それを当初の五兆円程度から三五兆円程度まで引き上げていった。

しかし、必要準備額を超えて準備預金残高が積み上がったからといって、どのような効果があるのかは不確かである。ＦＲＢは、日本の経験から量的緩和にはほとんど効果がな

図表4－4　米国の預金取扱金融機関の保有する準備預金残高

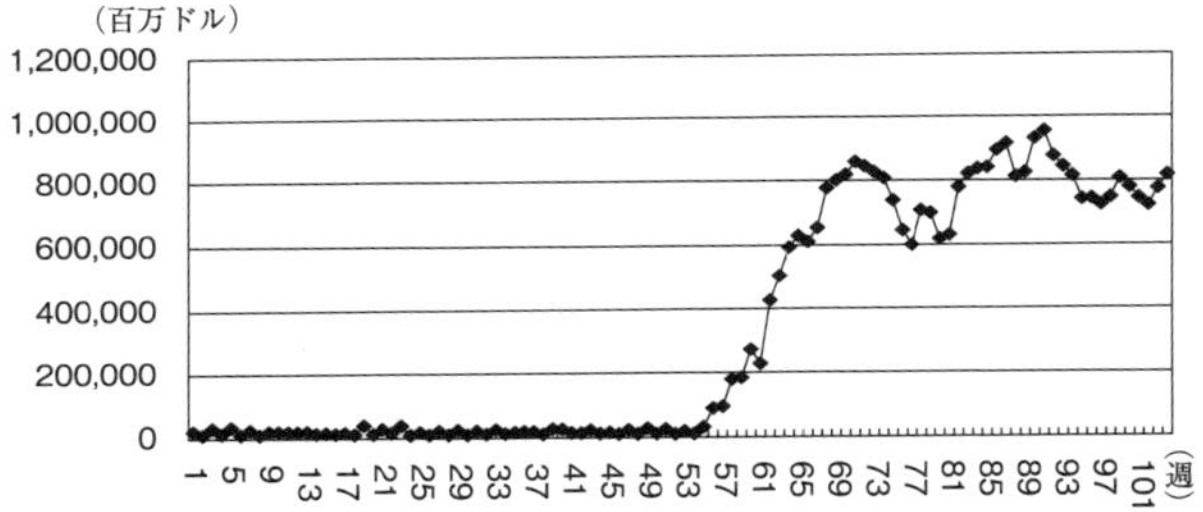

（注）リーマン・ショックを間に挟む2年間分の週次データで、第1週は29-Aug-07までの週、最後の第104週は19-Aug-09までの週。

い（Japanese experience suggests little if any effect）と判断している。それゆえ、今回の米国の場合には、同じ非伝統的金融政策とはいっても、②リスク資産の購入に重点が置かれている。すなわち、現在リスク・プレミアムが拡大していることから、ベースの安全資産金利がゼロでも民間の調達金利は高止まりしている。そこでFRBは、リスク・プレミアムの縮小を直接の狙いとしてリスク資産を購入している。

ただし、その過程でFRBのバランスシートの規模は急拡大しており、資産が増えた分に見合って、その負債も拡大している。FRBの負債のうちで拡大しているのは、準備預金残高であり、結果的には量的緩和にもなっている。しかし、あくまでも②に重点があり、①はその結果に過ぎないとされていて、その意味で量的緩和（quantitative easing）ではなく、今回は信用緩和（credit easing）であると説明されている。

こうした取り組みの結果、狙い通りにリスク・プレミアムが縮まれば、企業とか家計の実際の調達コストは下がるので、追加的な緩和効果があることになる。資産の市場価格がそのファンダメンタル価値を下回っているというネガティブ（負の）バブルが起きているのであれば、中央銀行による当該資産の購入は、そうしたミス・プライスを是正する契機を与えるものになると考えられる。ただし、きわめて実験的な試みであり、実際にどのような効果をもたらすかについては予断を許さない。

なお、③極端なインフレ目標については、わが国においては二〇〇〇年前後の時期に一部の論者によって導入が強く求められたことがあるが、結果的に日本では実施されなかった。また、今回の米国においてもいまのところ実施される兆しはない。そうした政策の有効性については、かつての日本におけるインフレ目標政策論争の火付け役とみられていたポール・クルーグマンも、現在では明示的に撤回している。

確かに、予想インフレ率を引き上げることができれば、名目利子率を低下させる余地がなくなった状況においても、実質利子率を低下させることはできる。しかし、予想インフレ率は、中央銀行が直接に操作できるような変数ではないし、（中長期的に物価の安定を目指すという目標を完全に放棄してしまうのでない限り）それに影響を与える有効な方法もないというのが実際のところである。

第 5 章

日本の企業統治

1　企業統治と株主の権利

†企業統治問題

現実の（とくに大）企業は、異なった利害関心をもつ種々の主体から構成される組織である。企業統治（corporate governance）とは、広義には「そうした種々の主体間の利益相反をうまく解決し、効率的な企業活動を実現するための枠組み」を意味するということができ、より狭義には「経営者を規律づけ、効率的な企業活動を遂行させるための枠組み」であるといえる。企業に資金を提供している主体（投資家）も、利害関係者（stakeholder）の一人として、企業統治のあり方に関心をもたざるを得ない。

投資家は、資金提供の見返りである「将来時点でお金を提供するという約束」を企業に守ってもらう必要がある。負債契約のかたちで資金を提供している者（すなわち、債権者）の場合には、もし利払いその他の約束が不完全にしか履行されなかったならば、債務者は「期限の利益」を喪失する（すなわち、満期を待たずして全額の返済を求められる）との規定が、契約に含まれていることが一般的である。そして、全額の返済が困難だとみられるときには、債権者は当該の債務者の破産を裁判所に申し立てることができる。

したがって、債権者の権利保護は、破産法制がどれだけ整備され、実効的なものであるかに依存している。破産法制が不備であったり、実効性を欠いたりしているような場合には、見返り提供の約束が守られないことを懸念して負債契約に基づく資金提供は、別の事情（例えば、血縁や地縁的つながりなど）で約束の履行が確保できると見込まれるような場合以外は、全く行われなくなってしまうおそれさえある。

換言すると、破産法制が整備され、実効的なものであることが、負債契約に基づく資金提供が円滑に行われる前提条件になる。ただし、そうした条件が満たされているとしても、すべての債務不履行が裁判所での手続きを通じて処理されるということではない。いざとなれば裁判所での手続きが利用可能であるということを交渉の背景として、当事者間の私的交渉によって問題解決が図られることも多いといえる。

以上の意味で、債権者にとっては、破綻処理制度の有効性といったことが第一義的には重要で、企業統治については、できるだけ企業が債務不履行に陥ることがないようなものであればよいということになる。

これに対して、持分契約のかたちで資金を提供している者（すなわち、株主）の場合には、企業統治のあり方に対する関心はより直接的で重要性の高いものにならざるを得ない。というのは、持分契約の場合には、将来提供されるお金の額があらかじめ確定しているわけではないからである。したがって、配当が支払われなかったからといって、それだけで債務不履行であるとして裁判所に訴えることはできない。このような契約に基づいて資金を提供する者の権利を保護するために、株式会社制度の場合には、当初から株主には企業統治に関わる強い権限が付与されている。

要するに、株主には、株主総会で取締役を選解任する等の投票権が出資額に比例するかたちで与えられている。そして、株主の投票に基づいて選任された取締役は取締役会を構成し、そこにおいて経営執行者（経営者）の指名が行われる。したがって、株主は自らの権利を擁護してくれるような者を取締役に選べばよいということになる。

しかし実際には、必ずしも株主の忠実な代理人のみが取締役に選任されるわけではない。株式保有が分散化していたり、既存の経営者と友好的な者が過半の株式を保有したりしているような場合には、実質的に既存の経営者が取締役を決定し、株主総会はそれを追認するだけということになりがちである。こうしたときには、経営者を厳しく監視しようという者が取締役に選ばれることは少ないと見込まれる。

なお、かりに取締役の選任が理想的に行えるとしたとき、どのようなメンバーから構成される取締役会が、企業活動に関わる種々の主体間の利益相反をうまく解決し、効率的な企業活動を実現するために最もよく貢献できるのだろうか。これは、きわめて興味深い問題であるが、いまのところ明確な答えの得られていない問題でもある。

この問題の一部としては、独立取締役の役割をどう評価するかという問題がある。社外の出身で業務執行に携わらない取締役の中でも、当該の企業との間に直接の利害関係を有しない取締役を独立取締役という。そうした存在にいかなる意義があるのだろうか。この点については、見解が分かれている。一方で、独立取締役の存在は、企業経営の説明責任(accountability)を高めるなどの意義があるとする見解が有力であるとともに、他方で、当該企業の業務内容に精通してい(るはずの)ない独立取締役に適切な判断が下せるわけがないとする否定的な見解にも根強いものがある。

†支配株主と少数株主

株式の保有が分散化している場合には、経営者に対して規律づけのための働きかけをすることが株主全体の利益になる場合でも、株主間の集団的行動(collective action)を組織することの困難性から、そうした働きかけは行われがたい。それゆえ、経営者にとって、分散化している株主は脅威ではなく、既述のように、取締役の選任権を実質的に自分のものにしてしまうこともできる。

しかし、一人で支配的な割合の株式を所有している大株主が存在する場合には、定義的に集団的行動の必要性はなく、その株主は経営者に対して必要な働きかけを行うことができる。例えば、経営者が自分の意に沿わない場合には、その者を解雇してしまうことも可能である。したがって、大株主が存在するならば、経営者は基本的にその大株主の利害に沿った行動をとらざるを得ない。

ところが、従来の企業統治をめぐる議論では、所有と経営が分離し、専門的な経営者が経営執行にあたるとともに、株式保有が分散化している(大株主がいない)ような形態の大企業が念頭に置かれていることが多かったといえる。そうした形態の企業は、最初に議論を展開した論者の名前をとって、バーリ・ミーンズ型と呼ぶことができる。

バーリ・ミーンズ型の企業の場合には、経営者と(外部)株主間の利益相反の可能性が重要で、株主の利益に沿った行動をとるように経営者をいかに規律づけるかが、企業統治の中心問題であるとみなされてきた。しかし、事実の問題としては、大企業に関してもバーリ・ミーンズ型は世界的にはむしろ少数派だともいえる。

むしろ支配株主の一族が存在し、その一族の関係者が経営執行にもあたっているようなファミリー企業が世界的には多く存在する。所有と経営の分離が進んでいるとみられる米国においても、ファミリー企業型のウォルマートが全米小売業界のトップを占めているなど、ファミリー企業型の企業の存在は無視し難いものである。日本には、比較的多くのバーリ・ミーンズ型の企業が存在するが、やはりファミリー企業型も存在する。

ファミリー企業型をはじめとして、大株主が存在する企業の場合には、支配株主と外部の少数株主間の利益相反が潜在的には重要になる。すなわち、大株主が経営支配権を握っている場合には、その支配株主と他の少数株主の間で利益相反の問題が生じる可能性がある。端的にいって、支配株主は、少数株主の利益を犠牲にするかたちで、企業の富を自己に有利に流用するような行動をとるかもしれない。こうした行動を抑制するためには、少数株主の権利を保護するための制度的な手当てが必要になる。

なお、大株主でいるためには、分散投資の利益を犠牲にしなければならないという点でコストが生じる。要するに、広範な銘柄に分散投資していれば負担しないで済んだはずの個別的（idiosyncratic）リスクを大株主は負担しなければならない。同時に、株式の多くの割合が特定の主体によって保有されていることは、株式市場で流通している株式の割合は僅少なものになるということを意味するから、保有株式の市場流動性の減少というかたちでもコストが発生する。

†敵対的企業買収の功罪

経営者が株主価値を最大化するような行動をとっていなければ、その企業の株価総額は、株主価値の最大化行動がとられた場合のそれよりも低いはずである。そうした意味で株価総額が低い企業を見出し、その企業の株式を買い占めて大株主となって、既存の経営者を更迭して、株主価値の最大化行動をとる新たな経営者を送り込めば、買い占め時の価格よりも株価は上昇し、その差額分を利益として享受できるはずである。

この種の利益を目的に実施されるのが、敵対的企業買収である。敵対的企業買収の可能性があれば、実際にそのターゲットにならなくても、ターゲットにされることを回避しようとして、経営者が株主価値の最大化に励むことになると期待される。

ただし、敵対的企業買収が可能であるためには、支配権を得るに足るだけの割合の株式が流通しており、株式市場が企業支配権の市場（market for corporate control）としても機能していなければならない。逆にいうと、既存の経営者と友好的な者によって過半の株式が保有されているといった状況では、敵対的企業買収は可能ではあり得ない。

敵対的企業買収は、株主間の集団的行動を組織する一つのやり方だといえるが、その実現にも一定の困難が伴うと考えられる。すなわち、敵対的企業買収を企てた者（corporate raider）は、多くの既存株主から株式を購入しなければならない。しかし、その企業買収の結果として株価の上昇が見込まれるのであれば、既存の株主は、（現在の株価ではなく）上昇後の株価でなければ売却に応じないはずである。

もしそうであれば、敵対的企業買収を企てても、利益はあげられないことになる。したがって、敵対的企業買収の企てそれ自体に少しでもコストがかかる（前述のように、大株主になることにはコストを伴う）なら、損になって、企ては行われないことになる。

もっとも、実際に株式を購入できなくても、既存の株主から株主総会での投票権に関する委任状を集めることができれば、経営者の入れ替えは可能である。それゆえ、一定の株式を通常のかたちで購入した後で、他の株主に呼びかけて委任状争奪戦を行うというやり方も考えられる。しかし、その場合には、多くの株主に働きかけて、その同意を取り付けるといった集団的行動を組織する際に典型的に必要となるような種類の費用を負担しなければならない。したがって、委任状争奪戦に勝利することも、それほど容易《たやす》いことではない。

ところで、株主価値と企業価値の間に基本的な乖離がみられない場合には、敵対的買収や委任状争奪戦は、経営者に対する規律づけメカニズムとして肯定的に評価できる。しかし、株主価値と企業価値の間にずれが生じ得るとみられるときには、それらは、単に株主のモラルハザードを実現する手段でしかないと考えられる場合もある。

要するに、企業価値には株主価値以外の部分も含まれており、企業価値が増加しなくても（たとえ減少しても）、株主価値以外の部分を犠牲にすることによって、株主価値を増加させる余地がある。この余地を実現する手段として敵対的買収や委任状争奪戦が用いられる可能性があることも無視できない。

企業価値Vは、通常は、株主価値（株価総額）Sに負債の現在価値総額Bを加えたものだと定義される。しかし、より実際的には、それらにさらに従業員余剰（employee surplus）Eを加えたものだとみなせる（すなわち、$V=S+B+E$）。

負債の現在価値総額についても、株主の意向に応じて経営者が企業の事業内容をよりハイリスク・ハイリターンなものに変更すると、それによるデフォルト確率の上昇を反映して低下する。事業内容の変更に伴って、企業価値そのものが負債の現在価値総額の低下ほどは低下しなければ、それによって株主は利益を受けることになる。こうした可能性は、一般に「資産代替（asset substitution）」という名称の下に、株主と債権者間の利益相反の典型例として知られている。債権者は、負債契約の中に適切な財務制限条項を組み込むなどの方法で、資産代替のような株主のモラルハザードを抑止しなければならない。

これに対して従業員余剰とは、雇用契約において明示的には約定されていないけれども、従業員の貢献に対する見返りとして将来的に従業員に帰属する報酬の現在価値の合計である。例えば、熟練や技能には、どの企業に勤めても有用な汎用性の高いもの(これらは、一般に「資格」というかたちで評価可能である)と、特定の企業に特有の業務遂行の過程でのみ有用な汎用性の低い(企業特殊的な)ものとがある。

後者のような企業特殊的な技能の形成のための(時間や費用のかかる)努力は、当事者間では観察可能であっても、第三者に対する立証可能性は乏しいものである。こうした立証可能性の欠如から、この種の貢献に対する見返りを明示的な契約で保護することはできず、従業員と既存の経営者間の「暗黙の契約」のかたちで支払いが約されているのが一般的である。そうしたものの現在価値総額が、従業員余剰であると解釈できる。

したがって、経営者を交代させて、前の経営者との間の「暗黙の契約」など、記録に残っていないからといって反故にしてしまえば、株主は、従業員余剰の分を簒奪して自己の取り分を増やすことができる。敵対的買収や委任状争奪戦による株主価値の増大分の源泉が、経営の効率化ではなく、もっぱらこうしたかたちでの従業員余剰の簒奪にあるという場合があることは無視できない。

もし従業員余剰の簒奪が容易に行い得るということになると、それを予見した従業員が明示的な契約で報酬が保証されるような種類の努力しかしないようになり、中長期的には、企業特殊的な技能の形成が行われなくなるなどの非効率性がもたらされることになる。このような理由から、企業価値の向上が見込まれない場合には、敵対的企業買収が行えないようにすることには一定の合理性があると考えられる。

しかし、そうした買収防衛策の導入は、確かに株主のモラルハザードを排除することにはつながるとしても、逆に経営者や従業員のモラルハザードを助長することにつながってしまうおそれも伴う。モラルハザードを起こす可能性は、両サイドに存在している。それゆえ、どの程度の、どうした内容の買収防衛策が社会的にみて望ましいものであるのかは、きわめて判断の難しい問題である。

2　持ち合いとメインバンク

†株式の持ち合い

従来のわが国では、株式の持ち合いが広範に行われていたことから、敵対的企業買収の可能性は封じ込まれていた。株式の持ち合いとは、企業どうしが互いの発行している株式の一部分を保有しあうという現象のことである。株式持ち合いには、二つの企業が直接に持ち合う場合もあれば、A社がB社の株をもち、B社はC社の株をもち、C社はA社の株をもつといった間接的な持ち合いの場合もある。

ただし、企業の株式保有には、純粋の投資目的によるものと「政策的な」目的によるものがあるとされており、純粋の投資目的でたまたま他社の株式を保有していても、それは株式持ち合いとは呼ばないのが一般的である。すなわち、「政策的な」目的によって企業どうしが互いに株式を保有するのが、株式の持ち合いである。

この「政策的な」目的としては、取引関係の維持・強化があげられることが多い。そして、こうした目的に基づいて保有していた相手企業の株式を売却するならば、それは取引関係の解消を意味することになるので、取引関係が続いている限りは、株式は保有し続けられることになる。

この意味で、「政策的な」目的による株式保有者は、純粋の投資目的による株主とは異なる「安定株主」であるといわれる。すなわち、投資目的で株式が保有されている場合には、投資家が有利だと思えばいつ売却されるか分からないが、株式持ち合いの場合には、発行企業側の了解なしには売却は行われないと期待されている。

この点で株式の持ち合いは、株主の経営参加権を希薄化する効果をもっている。というのは、企業（これをA社とする）が「政策的な」目的で、すなわち、「安定株主」として他企業（これをB社とする）の株式を保有している場合には、株主としての権利（投票権）を積極的に行使するということはなく、B社の経営陣に信任を与えるのが通例だからである。

それゆえ、持ち合いを通じて自社の発行済み株式の過半数が安定株主の保有下にあれば、その企業の既存の経営者は、常に過半数の信任を確保することができ、実質的に株主による制約を全く受けないことになる。この種の信任提供関係は、相互的なものであり、B社もA社の経営陣に対して信任を与えなければならない。

逆に、もしいずれか一方が、他方に信任を与えることを拒んで、株主としての権利行使を積極的に行うならば、他方も同様の対抗措置をとることが予想される。こうした対抗措置が相手にかなりの痛手を与えるものであるならば、安定株主として振る舞うという戦略（すなわち、相手が裏切らない限り信任を与え、もし裏切られた場合には、それ以後は協力を拒み続けるという戦略）の組み合わせは、ゲームの理論でいうナッシュ均衡となる。

したがって、株式の持ち合いは、敵対的な企業買収の脅威から既存の経営者を免疫化する効果をもっている。すなわち、企業買収を実現するためには、五〇％以上の株式を買い集めることが必要である。しかし、五〇％以上の株式が安定株主の保有下にあり、安定株主は既存の経営者の了解なしにはその株式を売らないのであれば、五〇％以上の株式を既

図表5－1　所有者別持株比率

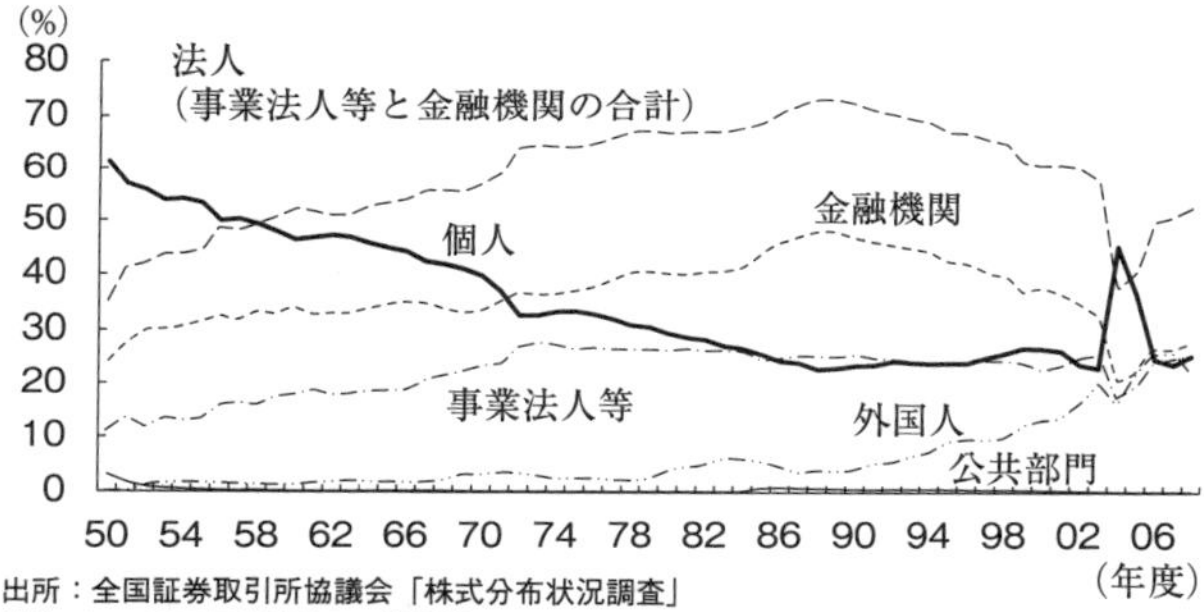

出所：全国証券取引所協議会「株式分布状況調査」
（注）1. 1985年度以降は、単位数ベース、2001年度から単元数ベース。
2. 2005年度調査まで調査対象会社となっていた(株)ライブドアによる大幅な株式分割の実施等から、2004年度調査から単元数が大幅に増加し、(株)ライブドア1社の単元数が集計対象会社全体の単元数の相当数を占めることとなったため、2004～2006年度の数値は、その影響を受け大きく増減している。

存の経営者の意思に反して買収することは不可能となる。

†メインバンク制

こうした株式持ち合いのハブともなり、従来の日本の企業金融と企業統治において大きな役割を果たしてきたのが、いわゆるメインバンクである。

もっともメインバンク制とは、せいぜい暗黙の契約に基づくといえるに過ぎない非公式な関係である。すなわち、そうした関係が存在することを示す明示的な証明書（契約書）のようなものがあるわけではない。そのために、メインバンクの定義には、若干曖昧なところがあり、万人が一致しているわけではない。しかし、通常いわれているメインバンクの定義、ないし特徴づけは、次のようなものであるといってよいだろう。

すなわち、メインバンクは、①企業と長期的・総合的な取引関係を維持している銀行であって、②その企業に対する最大の融資シェアをもつものである。しかも、メインバンクは、③重要な貸し手であると同時に、その企業の主たる株主でもある。また、メインバンクは、④資本関係以外にも、役員を派遣するなど、企業と人的結合関係をもつことも多い。さらに、メインバンクは、⑤企業が経営困難に陥ったときには、企業再組織化（再建、救済、解散など）のイニシアチブをとる。そして、これらの特徴づけを満たすような銀行と企業の関係のことを、メインバンク制と呼んでいる。

ここで、①のうちの総合的な取引関係とは、企業とそのメインバンクの間では、貸出取引だけではなく、預金・為替業務をはじめとして、ほぼすべての銀行サービスの部面で取引があるということである。加えて、その企業が社債を発行しているときには、メインバンクはその社債管理会社になるのが通例である。

なお、⑤の特徴については、しばしば企業を救済するのがメインバンクの役割であるかのようにいわれることもあるが、より実態に即してみるならば、常に救済が行われるとは限らない。それゆえ、上記のように、破綻企業の再組織化のイニシアチブをとると述べるのがより妥当であろう。

メインバンク制が成立するようになった経緯には、歴史的な特殊事情が作用しているとみられる。とりわけ、第二次世界大戦中に戦時体制下で、特定の企業の資金調達を特定の銀行に請け負わせるような割当を行ったこと（「軍需融資指定金融機関制度」の導入）は、企業と銀行の間に親密な関係が形成される重要な契機となった。

しかし、たとえメインバンク制が特殊な歴史的背景によって成立したものであるとしても、それが全く経済的合理性を欠いたものであったとしたら、長期間にわたって存在し続けるということは考え難い。また、それが現状において果たしている諸機能については、経済分析の立場から説明されるべきである。

経済的に必要とされる諸機能の遂行を制度化する形態は、必ずしも唯一であるとは限らない。特定の制度化の様式が選ばれることになるのは、歴史的な経緯や文化その他によってもっぱら規定されることであるかもしれない。しかし、異なった制度的外観の下で、経済的に同一の機能が果たされていることも十分にあり得ることである。

この意味で、メインバンク制という制度についても、その形態は他国にあまり例をみない特異なものであるとしても（もっとも、ドイツにはハウスバンク制と呼ばれる類似の制度がある）、それに通底する経済論理までを普遍的なものとして理解できないと決めつけるべきではない。むしろわが国におけるメインバンク制は、銀行の本質的な働きの延長された

（あるいは強化された）姿であると理解できる。ここでは、こうした観点からのメインバンク制の理解について説明を行うことにしたい。

企業の規模が大きく、それが必要とする外部資金調達額の規模も大きいときには、一つの銀行だけでその資金需要に応じることは困難となる。たとえ、ある銀行が、その企業の資金需要を物理的な意味ではまかないきれる資金量を有していたとしても、特定の先に融資を集中させることは、分散投資の観点からみて望ましいことではない。また、現実的には大口融資規制が存在し、わが国の場合であれば、銀行は自己資本の五％に相当する額以上を一つのところに貸し出すわけにはいかない。

したがって、資金需要の規模が大きいときには、企業は複数の銀行と取引することが必要になる。しかし、企業が複数の銀行から借入を受けているとき、銀行の役割が審査・監視活動の遂行にある（第1章を参照のこと）としても、それらの銀行がすべて同一の役割を果たす必要はない。むしろ、すべての銀行がそうした役割を果たすとすれば、重複によるむだを生んでしまうことになる。監視者は、一人いればよいのである。

それゆえ、こうしたときには、複数の銀行のうちのいずれか一行が、代表して監視者としての役割を果たすことにするのが効率的である。そして、この代表して監視者としての役割を果たしている銀行がメインバンクであると理解すれば、上記のメインバンクに関する①〜⑤の特徴づけはすべて整合的なものとして解釈可能である。

代表的監視者としてのメインバンク

まず、監視者としての活動は情報生産的な活動であり、情報費用の一般的特性からみて、監視者としての役割を果たしていく上では、継続的な取引を行うことが有利となる。すなわち、すでに多くの情報を蓄積しているほど、新規の情報の獲得や解釈が容易になるという性質があり、過去に取引経験がある場合の方が、新規に取引を開始する場合よりも、監視費用を低減できると考えられる。

この監視費用を節約できるという意味で、過去の取引実績は一種の資本としての価値をもつともいえる。こうした事情は、①のうちの長期的取引関係の維持を説明するものである。なお、メインバンクだけが監視活動を行っているのであれば、その分の費用をメインバンクは回収できなければならない。これは、他の銀行からの借入金利に比べて、メインバンクからのそれを高めにするというかたちでも達成可能である。

しかし、借入金利を差別化する代わりに、メインバンクに他の取引（預金・為替、社債の管理など）の部面で優遇的な取扱いを与えるというかたちでも、同じ効果をあげられる。このように考えれば、①のうちの総合的取引関係の維持は、それを通じてメインバンクは監視活動に対する報酬を受け取っていると解釈可能である。

代表して監視を行う者が委託した側から信頼を得るためには、その者自身が監視成果に依存するかたちのリスクを負う必要がある。というのは、監視を怠っても監視者自身は損失を被らないということであれば、その監視者が十全な努力を払うとは期待し難いからである。逆に、監視に失敗すれば、監視者自身が大きな損失を被るという立場にあれば、監視活動は適切に行われるとみなすことができる。

したがって、当該の企業に対する融資シェアが大きくて、それ自身が強い利害関係をもっている金融機関でなければ、代表的な監視者としての役割を果たす資格がないということになる。この点は、②と整合的である。

また、③と④は、メインバンクの監視能力と企業行動に対する制約能力を高めるものである。とくに、③の債権者であると同時に株主でもあることによって、メインバンクは、資金提供者内部の利害対立からは独立した立場に就くことができる。

かりにメインバンクが純然たる債権者でしかなかったら、外部の資金提供者のうち株主になろうとする者は、メインバンクが企業行動を監視していることで安心することはできない。むしろ、メインバンクからの圧力で債権者の利益を優先して、株主の利益を犠牲にするような企業行動がとられることを警戒しなければならない。メインバンクが主たる株主でもあるということは、こうした警戒の必要性を軽減する効果をもつものである。なお、最後の⑤の点は、メインバンクのいわゆる「最後の拠り所」としての働きに関わる、ある意味でメインバンク制をめぐる最も論争的なポイントである。また、④の役員派遣も、企業が経営困難に陥ったときにより多くみられるものである。

企業経営が破綻するというのは、まさに異常事態であり、いかなる状況においてそうした事態が発生するかをあらかじめ見通しておくといったことは、きわめて困難なことである。ましてや、企業が経営破綻状態に陥った場合における、個々の利害関係者（経営者、従業員、債権者、株主等々）の権利と義務を、疑問の余地なく、前もって取り決めておくこと、あるいは（かりに取り決めが可能であるとしても）その遵守を確保することは、全く不可能である。

換言すると、実際に企業の経営が破綻した状態に至ったときの、個々の利害関係者の権利と義務については、事前の契約によっては定めきられていない解釈の余地が残らざるを得ない（契約の不完備性）。

しかし、解釈の余地が残されているからといって、実際に企業が経営破綻状態に至った際に、個々の利害関係者がそれぞれに勝手な解釈を行って行動するとすれば、事態をさらに悪化させることになる。それゆえ、契約に明示的に書かれずに残されている余地を解釈し、それを裁量的に活用できる権限（これを「残余決定権」という）については、企業の経営破綻といった危機に直面したときには特定の主体に一任することを、あらかじめ決めておく（全員の間で合意を得ておく）ことが望ましい。

そうしたときに、メインバンクは、企業危機の際に残余決定権を一任されるのに最も適切な存在である。というのは、残余決定権を一任されるべき主体は、企業の状態についてできるだけ的確な情報をもつものでなければならないからである。

メインバンクは、その監視者としての活動を通じて、既存の経営陣に次いで企業の状態についての情報をもっていると考えられる。したがって、企業の経営破綻時に、既存の経営陣は失格させられるべきであるとすると、メインバンクこそが残余決定権の行使を委ねられるに最もふさわしい残された候補だということになる。この意味で、上記の⑤の点も、代表的監視者としてのメインバンクという理解と整合的であるといえる。

このときにメインバンクに期待されていることは、できるだけ費用の少ないかたちで企業の危機を処理し、できるだけ多くの企業価値の保全を図ることである。それゆえ、企業の経営困難が一時的なものであって、長期的にみた収益能力は失われていないと判断されるときには、その企業を救済することが適切な対応だということになる。

しかし、長期的にみた収益能力までもが毀損されてしまったとみられるときにまで、救済を行うのが望ましいわけではないし、実際、常に救済が行われているわけでもない。したがって、メインバンクが「倒産救済保険」を提供しているかのようなとらえ方は、正しくないと思われる。

なお、メインバンクが一任された残余決定権をもっぱら自己の利益のみを優先したかたちで行使しない保証を得るためには、残余決定権の一任は、メインバンクの債権を実質的に最も劣後したものにするという合意とセットにして行われることが必要である。そして、メインバンクの債権が、形式的には優先権をもつものであるにもかかわらず、劣後的な取扱いをされるということは実際にみられることである。

この結果、往々にしてメインバンクは融資シェア以上の割合の損失を被ることになる。しかし、そうした損失の予想値が、メインバンクが残余決定権を行使する立場に就かなかったとしたときに予想される損失（評判の低下を含む）よりも、少しでも少ないものであれば、メインバンクが残余決定権の一任を受けることは非合理であるとはいえない。

3　企業統治の変質と再生

†日本的経営と持ち合い

既述のように、過半の株式の持ち合いが行われている限り、既存の経営者と対立するかたちの（すなわち、敵対的な）企業買収は起こりえないことになる。ただし、このように敵対的企業買収の可能性が除去されてしまうことを必ずしも否定的にとらえることができない場合があることについても、第1節の終わりに解説した。

繰り返すと、企業特殊的熟練といった要素が重要な場合には、敵対的企業買収を防止することがむしろ効率化に資する可能性も考えられないわけではない。

十九世紀における古典的企業（あるいは、標準的な経済学の教科書における企業のイメージ）では、労働者は、労働力の提供と引き替えに、あらかじめ契約された所得（賃金）を受け取るだけの存在に過ぎない。このとき、企業収益の変動のリスクを負担するのは、企業に資本を固定的に投下している株主だけである。

この意味で、株主は古典的企業における唯一の残余請求権者にほかならない。そうであれば、株主の私的利益を追求すること（株主価値最大化）は企業価値そのものの最大化と一致することになるので、効率的であるともいえる。株式会社制度は、このような古典的企業の姿を前提としている。なお、残余請求権とは、契約的な支払い義務をすべて果たした後の企業収入の残余（だけ）を受け取れる権利のことである。

しかし、労働者の側での企業特殊的な熟練（汎用性がなく、その企業をやめたら有用でなくなるような種類の熟練）の蓄積の重要性が高まると同時に、株式市場が発達し、株式の流動性も高まっている現代の企業を考えると、もはや株主が企業の唯一のリスク負担者（残余請求権者）であるとはいえなくなっている。

すなわち、企業特殊的な熟練を積む労働者は、その企業と運命をともにする度合が高まっているのに対して、逆に個々の株主は、保有株式を流通市場で売却することによって、特定の企業から容易に資本を引き上げることが可能になっている。こうした事情を考えると、労働者の方がむしろ企業の新たなリスク負担者になっているとさえいえよう。

労働者のうちでも、企業特殊的な熟練を多く蓄積している中核従業員については、この意味で少なくとも企業の主要な利害関係者の一員であるとみられる。そうならば、株主の利益だけを追求すること（株主価値最大化）は、もはや企業価値の最大化を結果するものではなくなる。そうした企業行動は、中核従業員による熟練蓄積のインセンティブ（誘因）を弱め、企業価値の低下をもたらす非効率なものとなる。

こうした結果がもたらされるのは、既述のように、企業特殊的な熟練の度合を客観的に測定し、第三者に対して立証することがきわめて困難であるという事情によるところが大きい。この種の事情があるとき、労働者の側からみると、苦労して熟練を身につけても、契約による保護が受けられず、その成果が資本提供者（株主）のものになってしまい、自らには十分な報酬が得られないというおそれがある。このおそれは、労働者の意欲低下を招き、熟練蓄積の過少化につながりかねないものである。

こうした場合にも、望ましい熟練の蓄積が実現され、企業価値の最大化が達成されるようにする方法（の一つ）は、労働者（中核従業員）と資本提供者（株主）の役割を古典的企業のケースとは逆転させることである。すなわち、中核従業員が実質的に残余請求権と経営支配権をもち、株主が実質的に契約所得の受け取り手となることである。こうなれば、中核従業員が熟練形成を行うことによる利益の増分は、すべて中核従業員に帰属することになるので、自発的に最も効率的な熟練の蓄積水準が選択されることになる。

従業員主導といわれる日本的経営とは、大筋において、こうした古典的企業のケースとの役割逆転を実現した経営のことであると解釈できる。

けれども、もちろん日本の企業のほとんどは株式会社であり、法制的には、株主こそが企業の利益を享受する権利を有し、リスクを負担する義務を負っている。株式会社という法制的枠組みの下で、役割逆転（残余請求権の移動）を実現することは、いかにして可能であろうか。その答えは、これまで説明してきたことから容易に知られるように、株式の持ち合いである。まさに株式の持ち合いこそが、こうした役割逆転を可能にしているものであり、日本的経営を可能にしている最も重要な制度的装置であるといえる。

†メインバンクと経営規律

ただし、株主からの制約を免れたかたちで、従業員の側が経営支配権をもつということは、それ自体としては経営者・従業員の側のモラルハザードに結びつく可能性があり、直ちに望ましいことではない。例えば、戦後直後（ドッジ・ライン実施前）の日本の企業のうち、実質的に労働者管理下にあったものの経営実態は、お世辞にも、効率的といえるようなものでなかった。

これは、資本の利用に関する予算制約がソフトなものであったからである。すなわち、赤字を出しても、政府からの融資等が受けられ、極端に困るということはなかったからである。換言すると、資本利用に関する予算制約がハードなものとして維持されることがなければ、従業員主導による企業経営は、効率的な結果を生むものではない。

ここで用語の意味を改めて説明すると、資本利用に対する対価の支払いを完全に行わない場合には厳しいペナルティが課されるという状況にあるならば、資本利用に関する予算制約はハードであるといわれる。これに対して、資本利用に対する対価の支払いを怠ったとしても必ずしも厳罰に処されるわけではないといった状況にあるならば、その予算制約はソフトであるといわれる。例えば、巨額の赤字を出しても倒産するおそれがない国営企業の予算制約は、全くソフトなものであるといえる。

資本利用に関する予算制約がハードなものであれば、資本利用の対価を支払えるだけの収益性をもった投資プロジェクトでなければ、経営者も実行できない。ところが、資本利用に関する予算制約がソフトなものであれば、収益性のかなり低い投資プロジェクトであっても、それがシェア・規模の拡大に寄与する等々の理由で実行されてしまう可能性が生じることになってしまう。

しかし、かつてはメインバンク制が、株式の持ち合いがもたらしかねない予算制約のソフト化（換言すると、経営者・従業員の側のモラルハザード）を阻止する働きをしていたと考えられる。すなわち、メインバンクによる経営の監視がなされていたために、株主による直接の制約を免れていたにもかかわらず、従業員は、資本を浪費するような行動をとることはできず、資本の提供者に対して一定以上の見返りを提供しなければならなかったといえる。要するに、株式の持ち合いとメインバンク制は対となってはじめて、日本的経営を可能にし、それを効率的なものに保つメカニズムとして機能してきたとみられる。

こうした解釈に立てば、メインバンクの役割は、資本利用に関する予算制約をハードなものに保つことにある。したがって、メインバンクによる経営監視は、一定以上の見返りが資本の提供者に確保される状態にある限りは、経営者の行動の自由を認めるものである。しかし、資本提供に対する一定の見返りが確保されない(おそれのある)場合には、経営介入(銀行管理への移行)が行われる。この意味で、メインバンクと企業の関係は、企業の経営状態に応じて、内実を変えるものである(これを「状態依存型ガバナンス」という)。

しかし同時に、こうしたかたちでメインバンクが有効に経営監視機能を発揮できたのは、一九八〇年代以前までの特定の経済的背景に支えられてはじめて可能なことであったと判断される。その経済的背景とは、従来の日本経済が基調的には資本不足型の経済であって、かつ企業の負債依存度が高かったことである。これらの背景なしに、メインバンクが企業経営を規律づける強い力をもち得るとは考え難い。

すなわち、かつての日本の企業は、一般的にいって内部留保資金に比べて投資機会に恵まれており(すなわち、フリー・キャッシュフローがなく)、手持ちの収益的な投資機会をすべて実行するためだけにも、外部資金に頼らざるを得なかった。それゆえ、主たる外部資金提供者である銀行の了解をとることなくしては、企業は十分な投資を行うこともできないというのがかつての日本の状況だった。こうした状況下では、銀行が企業の経営に対して強い発言力をもち得たことは、当然といえよう。

ところが、こうした背景は、周知のようにいまは全く失われてしまっている。まず、日本の大企業の多くは、必要な設備投資等を行うために不可欠な資金を内部留保でまかなえるようになっている。換言すると、銀行の承諾を得なくても、企業は投資を実行できるようになっている。そのために、メインバンクに対しても投資計画を事後的に報告するだけだという企業もかなり多くなっている。企業が銀行から借入をする必要がないときに、銀行が企業に対して強い影響力を行使できるわけはない。

補完的な経済的背景が失われたために、一九八〇年代以降、メインバンクの経営監視機能は顕著な低下を示した。そして、メインバンクによる経営規律づけのたがはずれた結果として、日本企業の多くで資本利用に関する予算制約のソフト化が生じ、八〇年代後半には過剰投資が行われる結果になった。メインバンクの経営監視機能が弱体化したことによって、日本企業の統治メカニズムに一種の空白状態が生まれてしまったといえる。

†経営規律の再構築

バブルの生成と崩壊という手痛い経験を経て、一九九〇年代以降、日本企業の統治メカニズムにおける空白を埋めようとする努力が様々なかたちで進められてきている。しかし、いまだ問題が根本的に解決されたといえる段階にはなく、日本企業の収益性の低さという症状が続いている。

空白を埋めようとする努力の一つとして、経営規律づけの面での資本市場の機能を強化しようという動きがある。もっとも、そうした動きは必ずしも順調かつ健全なかたちで進んでいるわけではない。

具体的には、一九九〇年代の銀行危機の中で、不良債権を償却するための財源を捻出する必要から、銀行が保有株式の大量売却を行わざるを得なかったことの結果として、株式の持ち合いの解消が一定程度進行した。そのために、日本でも敵対的企業買収の試みがみられるようになってきた。しかし、これまでの試みのほとんどは、従業員余剰の簒奪を目的としていると疑わせるものにとどまっている。

先に論じたように、企業特殊的な熟練が重要であるような状況では、いわゆる「株主主権」だけの追求は、熟練形成の過少化を招来し、別の意味での非効率を結果すると考えられる。しかるに、これまでのわが国における敵対的企業買収の大半は、「株主主権」の絶対性を主張するだけのものであった。それゆえ、企業経営者側の反発を招き、買収防衛策の強化や再び株式の持ち合いを進める動きを招いてしまっている。

こうした不幸な状況を克服し、資本利用に関する予算制約をハードなものに保ち、資本利用の対価（資本コスト）の支払いを求めるという資本市場の機能を強化することは、大きな課題として残されているといわざるを得ない。問題は、繰り返し述べてきたように、経営者・従業員と株主の両サイドにおけるモラルハザードを抑制することにあり、一方の権利を強調するだけでは解決し得ないところに困難さがある。

もう一つの動きとしては、収益連動型の報酬制度の導入がある。近年の米国では、株価と強く連動するような報酬制度を導入することによって、経営者と株主間の利益相反の可能性を排除する（利害の一致を図る）ことが行われてきた。こうしたやり方をわが国でも見習おうとする動きがある。その代表例が、ストック・オプションの導入である。

報酬の多くの部分をストック・オプションでもらった経営者は、行使価格を上回る水準を超えて、できるだけ株価の上昇を実現すれば、自らの実際の報酬も増えることになる。それゆえ、ストック・オプションは、経営者と株主間の利害の一致を実現するものと考えられた。しかし、ストック・オプション等が万能ではないことは、米国でもエンロン事件などを通じて判明し、経営の視野の短期化を招来しがちだといった批判も強い。

今回の米国の金融危機においても、同様の問題が顕在化し、報酬制度の見直しが求められるようになっている。こうした経験からしても、少なくとも収益連動型の報酬制度の導入だけですべての問題が解決されるわけではないことは確かである。

さらに基本的な動きとしては、企業の内部的な統治機構の整備がある。商法（会社法）が改正され、現在のわが国では内部的な企業統治の仕組みとして、「委員会設置会社」と「監査役設置会社」のいずれかを選択できることになっている。このうち委員会設置会社は、米国型の仕組みに倣ったものだとされ、社外取締役の役割を重視するものであるが、採用している日本企業は少数にとどまっている。

日本企業の多数が採用している監査役設置会社の仕組みは、わが国独自のものであり、国際的に分かりにくいという批判があるほか、（取締役会での議決権を有しない）監査役の経営規律づけ機能には基本的に限界があるのではないかという疑問がある。こうした批判や疑問に答え、わが国の実情に適していると同時に、真に有効な企業統治体制を構築していくことが求められているといえる。

第６章
金融機能の分解と高度化

1　金融革新の進展

†伝統的銀行業の衰退

いずれの国でも、「銀行」と呼ばれるタイプの企業は、これまで最も代表的なタイプの金融機関といえる存在であった。銀行の（法律的な）定義は、各国で多少は異なるところもあるものの、大まかには「為替業務を行う」および／または「短期の預金を受け入れ、長期の貸出を行う企業」が銀行であるとする点で一致をみている。しかし、後者の「短期の預金を受け入れ、長期の貸出を行う」という業務（預貸金業務）の重要性は、趨勢的には低下してきているとみられる。

すなわち、第二次世界大戦の直後の復興とそれに続く経済成長の過程では、投資意欲は旺盛で、資金が相対的に不足しがちな状況が続いていた。こうした資金不足が基調の経済構造の下では、資金配分を司る銀行の役割は大きく、預金金利規制が存在していたこともあって、銀行はカネを貸す（資金の利用可能性を提供する）だけで収益を確保できた。

ところが、一九八〇年代を迎える頃になると、戦後の復興・成長は一段落する。とくに先進国では投資機会が相対的に不足するようになって、それまでの資金不足に代わって資金余剰が基調の経済構造に変化する。すると、カネを貸すというだけの伝統的な銀行業は、不振を極めるようになり、不況産業化する。こうした変化は、わが国においてはとくに顕著なものであったけれども、基本的には先進国に共通してみられた現象であった。

そもそも資金の利用可能性を本源的に提供しているのは、預金者であって、銀行ではない。それゆえ、資金の利用可能性を提供することに伴う対価は、本来的にはその間の耐忍に対する報酬として預金者に帰属するべきものであり、銀行の利益に帰すべきものではない。預金金利が自由化されるとともに、実際にそうなる傾向が支配的となっていった。それゆえ、単にカネを貸すというだけでは、銀行は利益をあげるのが難しくなっていった。

銀行の利益の源泉は、本来的には、金融仲介の過程で銀行が果たしている機能や決済機構の運営を通じて提供しているサービスに求められる。この意味で、一九八〇年代以降、銀行はどれだけ有益で意義のある機能（あるいはサービス）を提供できるかどうかをますます厳しく問われるようになったといえる。しかし、銀行が金融サービス業として環境変化に適合していくことは、必ずしも順調に進展しなかった。

こうした中で、銀行以外のタイプの金融サービス企業が存在感を増大させていった。そして、従来は銀行が一体的に提供していた機能が分解(unbundling)され、複数のより専門化した金融サービス企業が分業体制を組んで、より高度なサービスを提供するという動きが生まれるようになっていった。こうした動きは、金融革新(financial innovation)と呼ばれ、とりわけ米国においてきわめて活発に展開されるようになった。

結果的に米国においては、伝統的な銀行を通じる資金移転のチャネルに並んで、第1章で市場型間接金融と呼んだ資金移転のチャネルが非常に発達することになった。例えば、米国の住宅ローン市場において貸し手の主力は、銀行から、モーゲージ・バンクと呼ばれる住宅金融専門の貸付会社に移っている。モーゲージ・バンクは、バンクと名乗ってはいても、通常の意味での銀行(預金取扱金融機関)ではなく、日本風にいうといわゆるノンバンクである。モーゲージ・バンクの貸し付けた住宅ローンは証券化(後述)され、資本市場で売却することで資金調達が行われる。

各種の証券化商品を資本市場で購入しているのは、様々なファンドや投資専門会社である。ファンドは、投資家からの出資を集めて運用している。投資専門会社は、自らが投資対象として購入し保有している証券化商品を担保にして、ＡＢＣＰ(資産担保コマーシャル・ペーパー)を発行したり、レポ市場を活用することで資金調達している。ＡＢＣＰを購入したり、レポ市場で資金を提供しているのも、様々なファンドである。

†ITとファイナンス理論の発展

金融革新の動きを促進してきた主な要因の一つは、いうまでもなく、近年の情報技術（IT）のめざましい向上である。情報技術は、銀行業の基盤技術でもある。銀行の基本機能は、第1章でみたように資金とリスクの移転を媒介すること（これを「金融仲介機能」という）と、第2章でみたように決済機構を運営して決済手段を提供すること（これを「決済機能」という）であり、これらはいずれも情報・データの処理を必要とする活動である。

金融仲介機能が必要とされるのは、一つには、資金の提供者と調達者の間には情報の非対称性と利益相反が存在するからであり、もう一つには、両者の間には選好のギャップが存在するからである。前者から引き起こされる問題を解決するためには、審査・監視活動が必要であった。銀行が審査・監視活動を通じて遂行している役割は、金融仲介機能のうちでも、とくに「情報生産機能」と呼ぶことができる。

他方、後者の選好ギャップを埋めるために、銀行が果たしている、資金調達者からその者に都合のよい金融手段を受け取り、資金提供者にはその者に都合のよい金融手段を受け渡すという働きは、「資産変換機能」と呼ばれる。既述のように、金融仲介機能は、これら情報生産機能と資産変換機能の二つからなるといえる。

情報生産機能は、文字通り、資金調達者の行動や経済状態についての情報を収集・分析するという活動を中心とするものである。資産変換機能も、後述するように、データの統計的な処理と分析を不可欠とするものである。さらに、決済機能の実体は、それこそデジタル・データの処理そのものといった活動にほかならない。このように、銀行の基本機能のすべての基礎に情報技術があるといっても過言ではない。

したがって、情報技術の革新が、銀行がその諸機能を遂行する方法や形態（金融サービスの生産方式）の変革に直結しても全く不思議ではない。そして、実際に米国では一九八〇年代以降、情報技術革新によって産み出された新たな機会を利用して、新金融商品や新たな取引手法を開発するといった金融革新の動きが盛んにみられ、そのことが伝統的な銀行業の衰退をさらに加速することにもなったといえる。

なお、情報技術は、提供される商品・サービスのメニューを変えただけではなく、以前と同等のサービスを提供する場合であっても、その供給方式（ビジネス・プロセス）を変えている。具体的には、一つの企業がいくつもの機能を丸抱え的に抱え込むよりも、それぞれの企業は特定少数の機能に業務を絞り込み、互いに分業体制を組むといったあり方をより効率的なものにし、金融機能の分解を促進することになったとみられる。

それは、次のような理由からである。最適な企業規模は、内部調整コスト（管理コスト）と外部調整コスト（取引コスト）の総和を最小化する大きさであると考えられる。ごく小さな規模の企業であれば、企業内部の情報伝達や意思決定のために手間・暇（内部調整コスト）をかける必要は少ないけれども、自社だけでできることは少ないので他の企業に頼らなければならないことが多くあり、外部との連絡や交渉にかかる費用（外部調整コスト）が大きくなる。非常に大きい規模の企業の場合は、その逆である。

多くの機能を抱え込むほど、外部調整コストは低下するが、内部調整コストは増大する。どこかに両者のコストの合計を最小にする規模があるはずであり、それが最適規模である。情報技術の革新は、内部調整コストと外部調整コストの両方を低下させる効果があるが、前者よりも後者をより大きく低下させている可能性がある。もしそうであれば、最適な企業規模は、従来よりも小さくなっているはずである。

もっとも、金融革新を促進した要因は情報技術の革新だけではない。経済環境の変化といった要因を別にしても、ファイナンス理論とその応用（いわゆる金融工学）の発展という要因を無視することはできない。ファイナンス理論は、すべてを一旦はキャッシュフローに還元して考えるという抽象化を行うことによって、リスクとリターンの関係を定量的に取り扱うことを可能にした。

とくに資産価格の評価に関するファイナンス理論は、一九七三年にブラックとショールズやマートンによってオプション価格の決定式が導出された後、七九年にハリソン・クレプス・プリスカによる一般化（マルチンゲール評価法の確立）で、（完備市場と呼ばれる場合については）ほぼ原理的には完成の域に達する。これによって、リスクとリターンの構造の組み替えに関する技術の理論的基礎ができあがったといえる。

しかし、実際にリスクとリターンの構造を組み替えて新しい商品を作り出すためには、膨大な計算を迅速に行うことができなければならない。そうした計算能力を情報技術革新がもたらすことによって、ファイナンス理論の成果を実際のビジネスに応用することが可能になり、一九八〇年代以降、金融工学という分野が確立することになったといえる。そして、金融工学は金融革新を推進する上での強力な武器となった。

†資産変換機能の本質

第1章では、資産変換機能については、その意味を説明しただけで、金融機関が投資超過主体にとって都合のよい資金調達手段を取得する一方で、貯蓄超過主体にとって望ましい貯蓄手段を提供するといったことがいかにして可能であるのかという点についての説明は、保留してきた。こうした意味での資産変換を金融機関が行えば、最終的な資金調達者と提供者間の選好の違いが調停されるのは当然であるが、当の金融機関自身は、大変なリスクを抱えてしまうのではないだろうか。

ここでは、これまで留保してきた、この疑問に答えておきたい。なお、資産変換機能は、銀行だけではなく、他のタイプの金融機関（例えば、生命保険会社）も提供している。そして、金融機関ごとに提供する貯蓄手段の特性は異なり、その限りで資産変換機能の内容にも相違があるといえる。しかし、ここでは紙幅の制限もあり、もっぱら銀行の資産変換機能について議論を限定する。

銀行の提供する預金は、急に支出の必要が生じるかもしれない可能性の強い貯蓄超過主体に好まれる性質（流動性の高さ）をもっている。すなわち、銀行預金は、随時に、あらかじめ定められた交換比率で現金化できる（元本保証）という特徴をもっている。こうした流動性を創出するような銀行による資産変換機能の提供が可能となっている一つの理由は、「大数の法則」の利用である。

すなわち、個々の預金者は、いつ支出の必要が生じるか分からず、流動性を求めているとしても、すべての預金者に同時に支出の必要性が生じることはまずあり得ない。それゆえ、すべての預金者に要求払いを認めていたとしても、実際に払い戻しを求めにくるのは、その一部に限られることになる。しかも、その比率は、多くの預金者と取引すればするほど、安定し予見可能なものとなる（大数の法則）。

こうしたかたちの大数の法則が作用すれば、流動性の高い貯蓄手段の提供で集めた資金であっても、必ずその一定割合は、払い戻しを求められることなく、いわば底溜まることになり、そうした部分は固定的（非流動的）な資金運用に用いることができる。こうした大数を相手にすればリスク（分散）が小さくなるという統計的関係が、資産変換機能を可能にする主な条件の一つになっている。

しかし、こうした統計的関係だけに基づくものであるならば、銀行の資産変換機能は、特別なものではなく、証券の流通市場や投資信託といった仕組みによっても提供可能なものに過ぎないことになる。最終的な資金提供者が直接に固定的な性格の資金調達手段（証券）を取得した場合でも、その証券について流通市場が存在しているならば、途中で売却することによって現金化することができる。この意味で、証券流通市場も流動性を提供しており、その働きは、やはり大数の法則に根拠をもつものである。

銀行預金と証券流通市場（あるいは、投資信託）の違いは、随時に現金化できるとしても、前者の場合には交換比率が事前に確定している（元本保証である）のに対して、後者の場合には市況しだいで交換比率が変動するという点にある。そして、元本の保証は、大数の法則の利用だけでは可能なことではない。これは、銀行自身（正確には、その銀行の株主）が最終的なリスクをとることによってはじめて、可能となっていることである。

ふつう投資信託であれば、一種類の請求権（受益証券）しか発行していないのに対して、銀行の場合には、少なくとも二種類の請求権（預金と株式）を発行している。そして、銀行の活動に伴うリスクの負担は、複数種の請求権保有者の間で不比例的（disproportional）に配分されている。具体的には、預金の元本保証を行うためのリスクは、株主が負っているのである。もちろんリスク負担の配分が不比例的であることに応じて、リターンの配分も同様に不比例的になされるので、株主の期待リターンは高くなる。

以上の意味で、銀行の資産変換機能は、プールによるリスクの縮減の働きを超えて、保有資産全体から生じるリスクとリターンの組み合わせを不比例的に（ローリスク・ローリターン部分とハイリスク・ハイリターン部分に）切り分けて提供する働きを含んでいることが分かる。このとき、それぞれの最終的な資金提供者は、自己の選好に最も適合したリスクとリターンの組み合わせをもった商品を購入すればよく、切り分けは、切り分けが行われない場合に比べて厚生水準を高める効果をもっと期待される。

このように資産変換機能の本質は、リスクとリターンの構造の組み替えにほかならない。この意味で、金融（銀行）業は、昔からリスクとリターンの構造の組み替えに関わるビジネスをしてきたといえる。それが、既述した一九八〇年代以降の変化の中で、金融業のそうした側面の重要性がより高まるようになり、（金融工学に基づいて）より意識的に推進されていくようになる。

要するに、金融業はますますリスク管理ビジネスとしての色彩を強めていくことになり、リスク管理の巧拙が金融機関の競争力を決めるようになっていく。技術力に長け、新製品を開発する、あるいは新しい生産方式を工夫するといった革新を実現していくことは、そもそも資本主義経済の中では、企業が生き残っていくために本来的に不可欠なことである。このことについて、いまや銀行業も例外ではなくなったということである。

以下では、こうした発展の中で、当たり前の金融手段として用いられるようになってきたデリバティブと証券化という金融手法について解説することにしたい。

2　デリバティブ

†先物とオプション

近年、デリバティブ（金融派生商品）と総称される新たな金融手段が数多く登場（もっとも中には、必ずしも新たにではなく、昔から存在するものもある）し、それらをめぐる取引がきわめて活発に行われるようになっている。こうしたデリバティブ取引は、リスクとリターンの組み合わせに関する、より洗練された切り分けを行うことに利用できる。この意味で、デリバティブ取引を活用することで、（適切なリスク管理体制とデリバティブを使いこなす技能があれば）金融機関は資産変換機能の高度化を実現することができる。

伝統的な金融商品も、すべて資金移転手段であると同時に、リスク移転手段としての要素をもっている。このことは、同じ額の資金を同じ企業家に提供するとしても、それを出資（equity）のかたちで行うか、貸付（debt）のかたちで行うかによって、企業家と投資家（資金提供者）の間での投資リスクの配分が大きく異なることになるといった（すでに説明した）例を考えれば、容易に理解されよう。しかし、これまで資金移転手段としての側面とリスク移転手段としての側面は一体化しているのが、通例であった。

これに対して、デリバティブは、こうした伝統的な金融商品に含まれている資金移転手段とリスク移転手段という二つの要素のうち、後者の要素のみを独立して取り出したものであるととらえることができる。換言すると、デリバティブを取引しても、取引者の資金ポジションに変化が生じることはないが、その負担するリスクの程度や内訳は大きく変化することになる。

デリバティブと総称される金融手段は、多種多様であり、いまでも日々新たな商品が開発・考案されているといっても決して過言ではない。けれども、それらは、大きく二つの観点から、計四つのタイプに分類できる。

その第一の観点は、デリバティブのもたらす損益が対称的（線形）なものであるか、非対称的（非線形）なものであるか、というものである。これらは、それぞれ代表的なデリバティブの名前をとって、先物型とオプション型ともいわれる。

先物取引とは、取引価格と取引数量は現在時点で決めてしまうが、実際に商品が受け渡されるのは将来時点であるような取引である。簡単にいうと、取引の予約である（予約するだけだから、その時点で資金の出入りは発生しない）。これに対して、取引価格および取引数量の決定と商品の受け渡しが（ほぼ）同時に行われるふつうの取引を、先物取引と区別したいときには、現物《げんぶつ》（あるいは直物《じきもの》）取引という。

先物取引を行い、例えば、購入の約束をしていたとしよう。時間が経過し、商品の受け渡しを行う時点を迎えたとき、そのときに予約なしで購入する場合の価格（これを現物〔直物〕価格という）は、先に予約したときの価格（これを先物価格という）に比較して、高い場合も低い場合も考えられる。現物価格が先物価格よりも高ければ、約束をしていて得をしたことになるが、逆に低ければ、約束をしていて損をしたことになる。

図表６－１　先物取引からの損得（買いの場合）

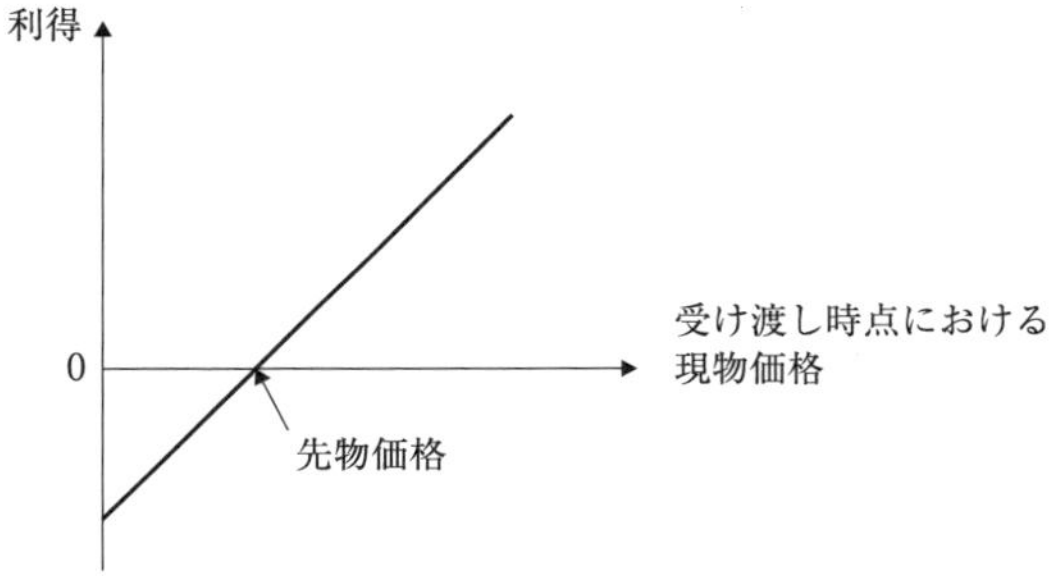

こうした事情は、売却の約束をしていたケースでも（損得の関係は全く裏返しになるが）同様である。得をすることもあれば、損をすることもあるという意味で、対称的であり、利益の大きさ（マイナスなら損失の大きさ）は、受け渡し時の現物価格の一次関数になるという意味で、線形であるといえる。

他方、オプション取引とは、「権利」の売買である。権利を売った者は、買った者の権利行使を受け入れる「義務」を負うことになる。権利の内容によって、様々なオプション取引がありえるが、代表的なものとしては、コール・オプションとプット・オプションがある。コール・オプションは、将来時点で一定の価格で購入する権利の売買であり、プット・オプションは、将来時点で一定の価格で売却する権利の売買である。

例えば、国債のコール・オプションを買っておけ

図表6－2　オプション取引からの損得
（コール・オプションの買いの場合）

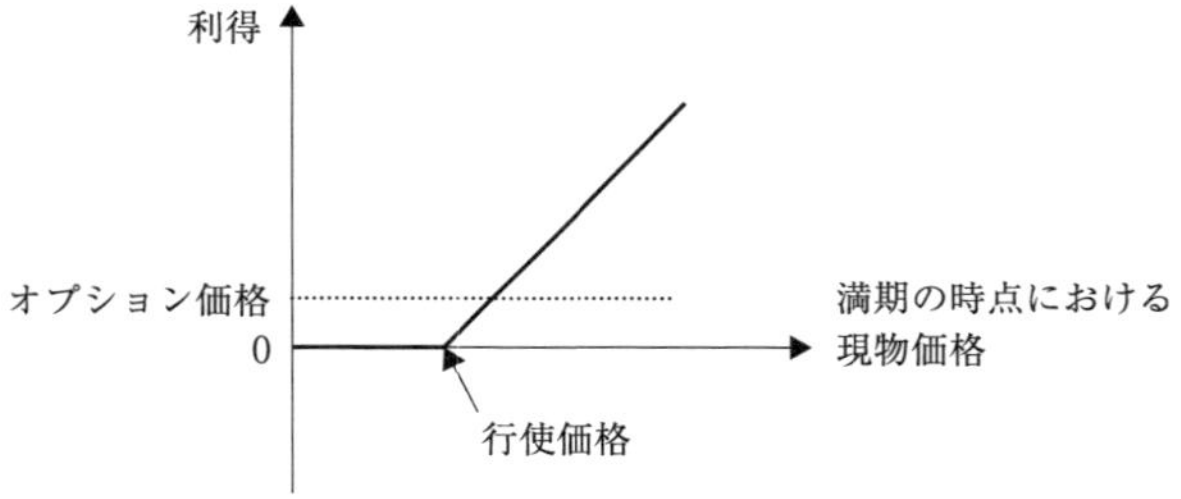

ば、将来時点で、約束していた一定の価格（これを行使価格という）よりも国債の現物価格が高ければ、権利を行使して、行使価格で国債を購入し、現物価格で即座に転売すれば、差額を儲けることができる。ところが、国債の現物価格の方が低ければ、権利を放棄して、購入しなければよいだけで、損をすることはない（権利の買い手に行使の義務はない）。逆に、権利行使を受け入れる義務を負うオプションの売り手には、損をする可能性があるだけで、得をすることはあり得ない。

このように、オプション取引からの利得は、非対称的で、契約が満期を迎える将来時点での現物価格との関係も非線形となる。損をする可能性のみがある売り手は、契約にあたって将来の損失の可能性を補償するだけの対価を要求する。得をする可能性のみがある買い手は、その権利を手に入れるために対価を支払う必要がある。売り手と買い手が合意し、契約が成り立つ対価の水準をオプション価格（あるいは、オプション・プレミアム）と呼んでいる。

†取引所取引とOTC取引

第二の観点は、その取引が取引所において行われているか、その外において行われているかというものである。取引所における取引は「取引所取引」、取引所外での取引は一般に「店頭（over the counter, OTC）取引」と呼ばれる。

取引所取引では、取引所がセントラル・カウンターパーティとしての役割を果たし、売り手と買い手は直接にではなく、取引所を媒介にして取引をすることになる。すなわち、売り手と取引所が取引をし、取引所と買い手が取引をするかたちをとる。

このために、個々の取引者は、相手の契約不履行の可能性（これをカウンターパーティ・リスクという）を心配する必要はない。たとえ売り手が契約を履行しなくても、買い手は取引所と取引しているのであるから、取引所が契約を履行してくれる。これに対して、店頭取引の場合は、売り手と買い手の相対《あいたい》取引であり、相手が契約を履行しないリスクを伴う。

しかし、取引所で取引できるのは、規格化された商品のみであり、いわば既製品に限られる。既製品に限ることで、大量の取引が行われるようにすることができ、取引の流動性を高めることができる。この点はメリットであるけれども、個々の取引者のニーズにきめ細かに応えることはできないというデメリットが、その裏に伴う。

店頭取引の場合には、当事者さえ合意すれば、オーダー・メイド的な契約を結ぶことができる。したがって、個々の取引者の選好により適合的な商品に仕立てることができる。しかし、特注品に近いために、一旦購入するとそれを途中で転売することは難しいといった欠点がある。要するに、取引所取引と店頭取引は、それぞれ一長一短をもっており、必要に応じて使い分けるべきものである。

取引所における先物取引を狭義の先物（future）取引と呼び、店頭における先物取引を先渡（forward）取引と呼んでいる。既述のことから、狭義の先物（future）取引にはカウンターパーティ・リスクは伴わないが、先渡取引にはカウンターパーティ・リスクが伴う。なお、店頭デリバティブの代表的なものにスワップ取引と呼ばれるものがある。スワップ取引というのは、何らかの点で性質の異なる二種類のキャッシュフローの時系列を交換する取引のことである。代表的なものには、金利スワップと通貨スワップがある。

金利スワップは、想定された元本に一定の利子率（固定金利）を乗じて得られるキャッシュフローと、同じ元本にその時々の短期金融市場金利（変動金利）を乗じて得られるキャッシュフローを交換するものである（想定元本は計算に使われるだけで、交換されることはない）。こうした金利スワップを利用すれば、固定金利での調達（運用）を変動金利での調達（運用）に変換することが、容易に可能になる。

また、通貨スワップとは、異なった通貨建て（例えば、円建てとドル建て）のキャッシュフローを交換する取引である。日本企業がドル建ての債券を発行したときに、ドルと円の通貨スワップを同時に組めば、実質的に円建てで資金調達したのと同じになる。

デリバティブ取引は、当初はもっぱら株価、金利や為替レートに関連したものが大半であったが、一九九〇年代の後半あたりからクレジット・デリバティブと呼ばれる信用リスクに関わる取引も盛んに行われるようになってきた。クレジット・デリバティブの最も代表的なものがＣＤＳ（クレジット・デフォルト・スワップ）である。

ＣＤＳは、取引の参照先として指定されている企業がデフォルト（債務不履行）を起こした場合の損失の補塡（これをプロテクションと呼んでいる）とプレミアムを交換する取引である。プロテクションの買い手は、その売り手に対してプレミアムを支払う。その代わりに、もし参照企業がデフォルトを起こせば、売り手は買い手に対して損失相当額の支払いをしなければならない。ただし、デフォルトがなければ、売り手はプレミアムを得るだけで終わる。プレミアムの水準は、参照企業がデフォルトを起こす可能性（に関する市場

図表6－3　CDSのスキーム

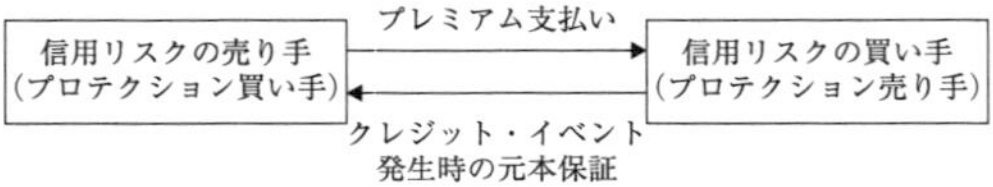

出所：日本銀行「マーケット・レビュー」2003-J-2.

参加者の見方）に応じて変動することになる。

ＣＤＳは、例えば参照企業の社債を購入した際に、そのデフォルト・リスクのヘッジ手段として利用することができる。しかし、参照企業に対していかなる与信（社債の購入や貸付など）も行っていない者であっても、プレミアムが割安であると思えばプロテクションを買うことができる。それゆえ、デフォルトが起きたときに、プロテクションの売り手が支払わなければならない金額は、そのデフォルトによる実際の損失額の数十倍に及ぶといったこともあり得ることになる。

要するに、ＣＤＳは、ヘッジの手段だけでなく、投機の手段にもなり得る。この点は、すべてのデリバティブ取引に共通する特徴である。そして、デリバティブ取引から生じる損失と利益は、売り手と買い手のそれぞれを合計すると常にゼロになる。こうした性質があることから、デリバティブ取引はギャンブルのようなものに過ぎないのではないかという疑念をもたれることが、しばしばある。

しかし、確かにデリバティブ取引がギャンブルに堕落してしまうことはあり得ないことではないが、デリバティブ取引等を通じてリスクを取引することには、経済厚生の向上につながる大きな可能性がある。次に、この点について説明しよう。

†リスクを取引する意義

第一に、リスクにはプールすると減るという性質がある。先に述べた「大数の法則」もその例であるが、それに限らず、異なるリスクを組み合わせると、それらが完全に正相関していない限り、一部互いに打ち消しあって全体としてのリスク量が減少するという効果が期待できる。

しかし、組み合わせればリスク量が減少するということが分かっていても、リスクを取引できなければ、組み合わせられない。逆にいうと、リスクの組み合わせを実現可能にするというのが、リスクを取引できる意義の一つになる。

第二に、ほとんどの経済主体はリスク回避的である（リスクを嫌う）という点で定性的には共通しているとしても、どの程度までリスク回避的であるかについては定量的な差が存在している。そして、いくらの対価（プレミアム）と引き替えであればリスクを引き受けていいか（あるいは、そのリスクを他者に引き受けてもらうのにいくらまでの対価なら支払ってよいか）をリスク許容度という。プレミアムが大きい（小さい）ほど、リスク許容度が小さい（大きい）ということになる。例えば、貧しい若者と大富豪であれば、後者の方がリスク許容度は大きいと考えられる。

もし当初、リスク許容度の小さな者がリスクを抱えていて、リスク許容度の大きな者が別にいるとすると、この両者の間で、リスクをプレミアムと交換する取引を行うことによって、両者の経済厚生を高める余地が存在することになる。すなわち、前者が他者にリスクを引き受けてもらう代わりに支払ってもよいと思う最高額Aは、後者がリスクを引き受ける限り補償してほしいと考える最低額Bを（リスク許容度の定義からいって）上回るはずである。そうであれば、$A>C>B$となるような額Cを前者が後者に支払ってリスクの移転を行えば、両者とも有利化されることになる。

要するに、この取引を通じてリスク許容度の小さな前者は$A-C$の利益を得て、リスク許容度の大きな後者は$C-B$利益を得たとみなすことができる。こうしたかたちの交換の利益を実現することにつながるというのが、リスクを取引できる意義のもう一つになる。

最後に第三として、リスクの取引を通じて、分散的に保有されている情報や判断が付き合わされ、集約化されることになり、第4章の第2節で述べた資産市場（資本市場）の情報発信機能に資することになる。

先にみたCDSのプレミアムの場合では、将来のデフォルトによる損失の可能性に比べてプレミアムが割高だと判断する者はプロテクションの売り手となり、逆に割安だと判断する者はプロテクションの買い手となる。そうした判断が正しければ利益を得られるけれども、反対に判断が誤っていれば損失を被ることになる。したがって、各取引者は自らがもつ情報を最大限に活用し、できるだけ正確な判断を下そうと努力するはずである。

自らの利得がかかっているがゆえに真剣な判断をするはずの取引者が参加した市場において形成される価格は、その時点において最も信頼できる将来に関する予想を反映したものになると期待される（もちろん、第4章で既述した理由から、ミス・プライスが持続することもあり得ることには留意しなければならない）。そうであれば、市場価格をみることで、他の経済主体は信頼に足る将来に関する予想を知ることができることになる。

こうした事情は、CDSの取引に限られるものでなく、他のデリバティブ取引に関しても同様である。各種のデリバティブの取引条件（価格やプレミアムの水準など）は、将来において特定の状態が生起する可能性に関しての情報を提供するものとなっていると解釈できる。それゆえ、多種多様なデリバティブの取引が行われている方が、より豊富な情報が得られることになるといえる。

3　証券化の光と影

†機能分解と資産流動化

高度化の動きは、上述の資産変換機能の側面のみならず、情報生産機能の側面においても生じている。これまで情報生産機能は、資金提供と一体化されたかたちで遂行されるのが一般的であった。ところが、情報生産機能と資金提供（換言すると、オリジネーション機能と資産保有〔運用〕機能）がそれぞれ独立した別の主体によって担われるような傾向が、近年は定着しつつある。オリジネーション機能とは、与信を行って新たに債権を創出する働きを意味し、組成機能とも呼ばれる。

銀行は、伝統的には、もっぱら貸出というかたちで資金運用を行ってきた。そして、貸出に先立って審査を実施し、貸出実行後も融資先の監視を行うことで、情報生産機能を遂行してきた。このうち、審査をして貸出を実行する部分がオリジネーションであり、その働きを行う者をオリジネーター（originator）という。他方、貸出実行後に、融資先の監視を行うなどを含めて債権管理（元利金の回収など）の実務を行う者をサービサー（servicer）という。こうした表現を使えば、銀行はオリジネーター兼サービサーとして活動してきた。

同時に、貸出はその満期まで保有されるのが通常で、その意味で、銀行は自分の勘定で資金の提供も合わせて行ってきた。このために、銀行による情報生産活動の規模とそのバランスシート上の資産額の間には、強い正の相関があるのが当たり前であった。

しかし、そうした姿は、一部分はすでに過去のものになっている。そうした変化の先頭にいるのは、米国の大手銀行である。最近の米国の大手銀行は、自ら審査を行って組成（オリジネート）した貸出債権をそのまま保有し続けるのではなく、大半を即座に譲渡してしまう。譲渡先となっているのは、中小銀行や邦銀を含む米国からみた外国銀行、生命保険会社・年金基金等の機関投資家などである。こうした動きは、貸出債権譲渡（ローン・セール）と呼ばれている。

なお、関連した動きとして、シンジケート・ローン（略して、シ・ローン）と呼ばれる貸出形態がわが国においても急速に普及してきている。シ・ローンとは、複数の銀行がシンジケート団を結成し、同一条件の契約に基づいて協調融資を行う方式である。シ・ローンの実施にあたっては、アレンジャーと呼ばれる幹事銀行が借入先とシンジケート団との間での契約条件の決定のための交渉やその後の履行確保の役割を果たす。シ・ローンの場合には、契約条件が同一なので、シ団に参加する銀行の間で貸出債権の譲渡が行いやすいといえる。

また、貸出債権を完全に譲渡する以外の貸出債権の流動化（貸出債権を利用した資金調達）の代表的な方式として、ローン・パーティシペーションがある。ローン・パーティシペーションの場合、借り手と貸出を実行した銀行との間の契約関係はそのまま保持した上で、銀行は他の銀行や投資家との間にパーティシペーション（参加）契約という新たな契約を結ぶことになる。

パーティシペーション契約は、一定の金額を銀行に提供することと引き替えに、元の貸出から生じるキャッシュフロー（元利支払い）を受け取る権利を譲渡先に与えるものである。この新契約を結ぶことで、銀行は実質的に貸出に要した資金を即座に回収できる。しかし、借り手からみると、こうした貸出債権譲渡が行われた後も、その前と特段に事情が変化するわけではない。その後も、借り手には銀行に元利を支払う義務が残される。借り手の支払いは、銀行を経由して参加契約先に渡されることになる。

このように貸出債権流動化の後も、オリジネーターである銀行は、元利金回収その他の債権管理の活動をサービサーとして行うのが一般的である。したがって、貸出債権流動化によって、売り手側の銀行は情報生産機能のみを提供することになり、従来それに付随していた資金提供機能は、買い手側の機関（投資家）によって提供されることになる。

こうした分業化によって、より効率的に情報生産機能の提供が可能になる。例えば、ある銀行が特定の地域や産業に関して格別に優れた審査能力をもっていたとしても、組成した貸出は保有し続けるのが前提になっているならば、分散投資を図る必要があるために、その地域ないしは産業に関してのみ貸出を行うというわけにはいかない。しかし、組成した貸出を第三者に譲渡できるならば、そうした制限なしに、もてる審査能力を徹底して活用することができる。

また、資産蓄積の進展や人口構成の高齢化に伴って、資産変換機能の面で、銀行が伝統的に提供してきた流動的な貯蓄手段（預金）よりも、年金や保険のようなタイプの貯蓄手段がより選好されるような変化が生じている。そうであるならば、より需要に適合したかたちで金融仲介機能を提供するためには、情報生産機能は銀行が引き続き担当するが、資産変換機能は年金基金や生命保険会社のような機関投資家が担当する、といった分業化を進めることが当然に必要になる。

†証券化の仕組み

この種の分業化は、証券化（セキュリタイゼーション）というかたちでも盛んに行われるようになっている。例えば、米国における証券化の原型となった、住宅ローン債権（モーゲージ・ローン）の証券化についてみてみよう。

住宅ローン債権の証券化の仕組みは、概略としては次のようなものである。多くの住宅ローン債権をまとめて特別目的会社（SPV、導管会社とも呼ばれる）に一括譲渡する。特別目的会社は、その債権を担保にして証券を発行する。特別目的会社の証券発行によって得られた資金は、その特別目的会社に債権を譲渡した金融機関に代金として支払われる。

特別目的会社は、証券化のために設立されたペーパー・カンパニーのようなものであり、それが発行する証券の信用度は、発行体の信用によってではなく、あくまでも担保となっている債権の内容によって決まることになる。ただし、そのためには、特別目的会社への債権の譲渡が「真正売買」であって、債権の元の所有者（原債権者）がもし倒産しても、譲渡済みの債権には原債権者に債権をもつ者からの請求が及ばないように、「倒産隔離」されていることが必要になる。

住宅ローン債権は、個々には異質的であるが、大量にプールされると、個々の異質性は相殺されあって、プール全体の特性は統計的に安定したものになると想定できる。そのために、個々の住宅ローン債権の質を評価することは困難でも、大量の債権のまとまりを担保とした証券（モーゲージ担保証券、MBS）の質は、一般の投資家にも比較的評価しやすいものになると期待できる。

そうした事情に加えて、証券化にあたっては、証券の信用度（格付）を高めるために、いろいろと工夫が行われる。具体的には、優先劣後構造を導入して、担保証券のクラス（トランシェとも呼ぶ）をいくつかに区分した上で、請求順位の高いものだけを投資家に販売し、請求順位が劣後するものはオリジネーターが保有するといった措置がとられたりする。また、外部の保険会社などによる保証などの信用補完の措置をつける場合もある。

こうした証券化を行わない場合には、貸付を行った銀行が唯一登場するだけである。すなわち、銀行が住宅ローンを実行し、それを満期まで保有するというだけで、銀行以外の金融機関やその他の主体の関与する余地はない。

ところが、証券化が行われる場合には、オリジネーターおよびサービサーとしての役割を果たす金融機関以外に、債権の譲渡を受け、それを担保とした証券（MBS）を発行する特別目的会社や、その証券を引き受ける引受・販売業者、証券化商品の格付会社、信用補完者（保険会社）などが関与することになる。さらに、証券化の仕組みそのものを設計

図表6－4　住宅ローン債権の流動化の仕組み

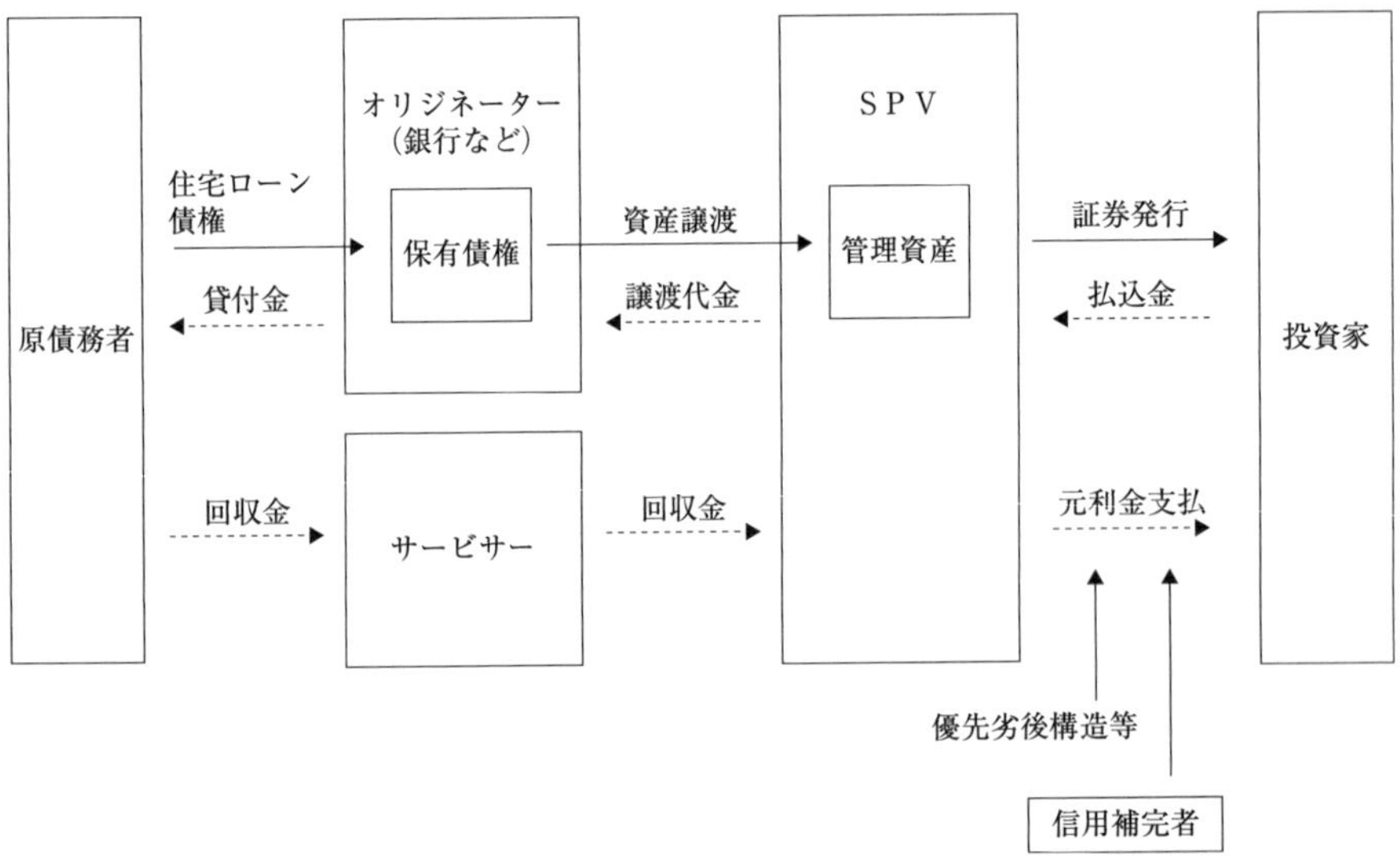

するアレンジャーやアドバイス役の法律家や会計士なども必要になる。これらの主体が分業体制を組まない限り、証券化は実現しない。

近年の米国では、モーゲージ担保証券の発行以降、発行体・投資家の両サイドでのノウハウや経験の蓄積が進み、分業体制の高度化の基盤が形成されるようになった。その結果、MBSに限らず、クレジット・カード債権、自動車ローン債権、商業用不動産ローン、一般の売掛債権など、住宅ローン債権以外の債権を担保とした証券（資産担保証券、ABS）の発行も盛んに行われるようになっている。そのために、住宅ローンを裏付けとするMBSは、商業用不動産ローンを裏付けとするそれと区別する必要上、最近はRMBSと呼ばれるようになっている（後者は、CMBSと呼ばれる）。

逆に、分業化が可能であれば、個々の金融機関は、自己の得意な分野に経営資源を集中し、特化することができるようになる。そして、こうした特化は、すべての役割を一つの機関が丸抱えで遂行している場合に比べて、一般的には供給効率を改善することになる。したがって、他の分野における分業化についていえると同様に、金融仲介機能に関する分業化も、需要とのより効率的なマッチングを実現するとともに、供給効率の改善（仲介コストの低下）をもたらすものであると期待できる。

†サブプライム・ローン問題

しかし、証券化には、これまで述べてきたような光の側面(ブライト・サイド)だけではなく、影の側面(ダーク・サイド)もあることが、今回の米国における金融危機の発端となったサブプライム・ローン問題を通じて露呈することになった。

当初、米国における住宅ローン債権の証券化は、政府支援企業(GSE)であるファニーメイとフレディマックが民間の銀行等から住宅ローン債権を買い上げるかたちで行われていた。しかし、徐々に、民間の主体だけでも証券化が行われるようにもなってきた。ファニーメイとフレディマックが買い上げの対象としているのは、一定の基準を満たすプライム・ローンと呼ばれるものに限られる。

したがって、その基準に達しない、信用度がプライム・ローンよりも低いサブプライム・ローンと呼ばれるクラスの住宅ローンについては、民間の銀行やモーゲージ・バンクが組成(オリジネート)したものを大手の投資銀行が買い上げて証券化されていた。こうしたサブプライム・ローンの証券化にあたっては、優先劣後構造が導入され、最優先のシニア、それに次ぐ優先順位のメザニン、そして最も劣後するエクイティの最低でも三つ(実際にはもっと多く)の部分に切り分けて証券が発行されていた。

このうち、シニア部分は、AAAの格付が取得できるように設計されており、近年の資金運用難の状況にあっては機関投資家によって好んで購入されていた。また、エクイティ部分については、ハイリスク・ハイリターン商品に対するアピタイト（食欲）をもつヘッジファンド等によって購入されていた。しかし、中間のメザニン部分に投資しようという投資家は相対的に少なかった。

そのために、売れにくいメザニン部分を再度プールして新たな証券化商品（第二次証券化商品）を組成することが行われるようになった。こうした第二次証券化商品は、CDO（債務担保証券）とふつう呼ばれている。

CDOにも、やはり優先劣後構造が導入され、多くのトランシェに切り分けて販売されていた。このように証券化が繰り返し行われた結果、証券化商品の担保となっている債権と当該の証券化商品の間の関係がきわめて複雑なものとなり、証券化商品のリスク特性の評価が困難になっていた。そのために、多くの投資家は、格付会社が証券化商品に付与した格付だけを目安に投資を行っていた。

ところが発行体の側では、一定量の原材料であるサブプライム・ローンから、できるだけ大量のAAA資産を作り出そうという動機が作用したために、証券化商品の実際の質は低下しがちであった。にもかかわらず格付会社が、発行体の要望を受け入れるかたちで安易にＡＡＡの格付を付与してきた。

そうしたことが、米国での住宅バブルの崩壊後に判明したために、投資家による格付に対する信認が崩壊することになる。すると、ほとんどの投資家は複雑な内容の証券化商品の品質を自分では評価することができないために、わが国で起こった「毒入り冷凍餃子の事件」のときと同じで、もしかすると毒が入っているのではないかという疑心暗鬼から、すべての冷凍餃子（証券化商品）が買い控えられるようになってしまった。

そうなると、すでに証券化商品に投資しているヘッジファンドや投資専門会社は、保有している証券化商品を売却することもできなくなり、そうした先に資金を提供していた投資家は、それらの経営不振を懸念して一斉に解約を求めたり、継続的な資金提供に応じなくなったりするという取り付けに相当するような状況が起こることになった。こうして、住宅バブルの崩壊は、全面的な金融危機にまで拡大していくことになってしまった。

こうした事態に直面して、わが国では「証券化」そのものに問題があるかのような論調（すなわち、「証券化悪玉論」）がときたまみられる。しかし、そうしたとらえ方は正しくない。証券化は、自動車に例えることができる。すなわち、証券化は、自動車がそうであるように、基本的にわれわれの活動の可能性を広げ、生活を快適なものにしてくれる道具である。もちろん自動車事故が起きて、尊い人命が失われることもある。しかし、だからといって、「自動車悪玉論」のような議論がされることはほとんどない。

自動車事故の原因が車の欠陥にあった場合には、速やかにその改善がなされねばならない。ドライバーの無謀な運転が事故の原因となることも多い。そうであれば、無謀な運転を抑止するために道路法規を整え、罰則を強化する必要がある。また、信号や道路標識を十分に設けるなどのインフラ整備も欠かせない。

証券化についても同様であって、商品設計に欠陥があったのなら、速やかに是正しなければならない。証券化商品の組成者や投資家が無謀な行動をとっていたのであれば、それらの者たちを規律づけるために、規制監督のあり方を見直し、その実効性を高めることが必要である。また、格付などの資本市場に関わる情報インフラの点検と整備も不可欠である。筆者は、こうした取り組みを推進することによって、証券化が本来もつ光の側面を伸ばし、その影の側面を抑制することが可能であると考える。

第７章
金融規制監督

1　事前規制とセーフティネット

†自己資本比率規制

第2章において、銀行規制は、個々の銀行が経営破綻に陥ることを防止するための「事前的対策」と個別的な破綻がシステム危機に拡大する事態を回避するための「事後的措置」との二段構えの構造をとることを確認した。ここでは、それぞれの具体的な内容について順に説明する。なお、ここでは、(信用組合や信用金庫などの)協同組織金融機関も含む預金取扱金融機関を総称するものとして「銀行」という用語を用いる。

事前的対策として銀行に対して課される規制には、大別すると、次の四つのタイプのものがある。すなわち、①預金金利をはじめとした各種の金利に対する上限規制や各種手数料に関する規制、②特定の業務分野や地域への参入規制、③銀行の資産選択にかかわる規制、そして④自己資本比率規制である。

このうち①と②は、競争制限的な効果をもつと考えられる。競争制限を行うことは、銀行にカルテル的な利益を提供することになる可能性が高い。この場合には、それらの規制は、銀行の収益を下支えする効果をもつことになる。収益の確保を容易にさせることは、他の条件が一定ならば、銀行の経営破綻の可能性を減じることになる。

一九八〇年代前半までのわが国の金融規制は、もっぱら①と②のような競争制限的な規制を中心とするものであった。その頃までは、競争制限的な規制は銀行にレント（超過利潤）をもたらすものであったといえる。しかし、競争制限の効果が必ずしもすべての主体にまで及ばず、実質的にその対象とならないライバルが存在する場合には、競争制限的規制は、その対象となる銀行をむしろ競争上不利にするだけということにもなりかねない。

実際、一九八〇年代以降の国際的な資本移動の自由化と情報技術（IT）革新の進展の結果によって、規制の対象外の競争相手が登場することになった。例えば、銀行預金と密接な代替性をもつ自由金利商品が登場するようになった。こうした中で、（預金金利規制のような）競争制限的な規制を続けることは、既存の銀行にとって、むしろその地盤沈下を招来するものとなってしまった。

要するに、この時期以降、それまで通りに競争制限的規制を継続することは、その意図（銀行の経営安定化）に反するものとなってしまったのみならず、規制としての実効性を失うに至ったといえる。このことが、一九八〇年代の後半以降、競争制限的規制の緩和（いわゆる金融の自由化）が不可避となった基本的背景である。

しかしだからといって、事前的な対策の必要性そのものがなくなってしまうわけではない。そうした中で、事前規制の中心は③や④に移ってきている。中でも、自己資本比率規制がきわめて重要な役割をもつようになってきている。

競争制限的規制を無効化した情報技術革新等の要因は、第6章でみたように、銀行の活動内容の高度化・複雑化も同時にもたらしている。その結果として、公的当局が銀行の経営者に対して資産選択の内容を詳細に指示して、経営の健全性を確保するといったようなことは、全く非現実的なことになってしまっている。公的当局のような部外者がみて正しい選択が何か分かるほど、現代の銀行経営は単純かつ容易なものではない。

それゆえ、③のうちでも大口融資規制のような現在でも有効であると考えられる一部の規制は残されているが、③を主体にして事前的対策の目的を達成することも困難になっている。換言すると、どのような資産（および負債）選択を行うかについては、当然のこととして銀行の経営者に基本的に委ねざるを得ない。

したがって、銀行に資産（負債）選択の自由を認めつつ、その結果としてのリスク負担量に見合うだけの自己資本を保有するように義務づけるというのが、現代の事前的対策の基本的考え方となっている。

自己資本の機能は、リスクを優先的に負担することにある。それゆえ、銀行のリスク負担を一定としたとき、損失を吸収するバッファー（緩衝材）としての自己資本の拡大は、銀行が経営破綻に陥る確率を低下させることになる。この意味で、自己資本の充実を求めることは、銀行経営の健全性維持を図るための事前的対策としての意義にかなうことである。

ただし、ここにも、規制の有効な実施に際しては大きな困難が存在している。それは、リスク量の測定という問題である。公的当局が銀行に保有を求める自己資本量は、その銀行のリスク負担量に見合ったものでなければならない。しかし、公的当局に銀行のリスク負担量を正確に知ることが可能であるのか。

もしリスク負担量がよく分からないということで、銀行の資産規模に応じて規制上の最低保有自己資本額を決めると、銀行は、同一規模の中でよりハイリスク（で、それゆえハイリターン）の資産選択を行うようになってしまいかねない。初期の自己資本比率規制は、こうした失敗を犯し、事前的対策としての意図に反する結果をもたらしてしまった。

こうした反省もあって、一九八八年から国際的な合意を受けて実施されることになった新しい自己資本比率規制（いわゆるＢＩＳ規制）は、名目的な資産額ではなく、リスク（を考慮して修正した）資産額の八％以上の自己資本の保有を義務づけるものとなっている。

しかし、リスク資産額（リスク・アセット）の算出は、資産のカテゴリーごとに決められたウェイトを乗じた加重合計を求めるといった単純なものにとどまっていた。

こうした単純なリスク資産額の算出方法は、銀行の側のリスク管理体制が高度化していくにつれてしだいに現実妥当性を欠くものとなり、むしろ銀行経営の健全化にとって桎梏と感じられるものに転じていった。そこで、新たに実施されたBIS規制の見直し（バーゼルII）では、従来からの計算方法に加えて、銀行自らが（内部格付手法に基づいて）計算したリスク資産量を用いることが許容されるようになった。

それに伴い、公的当局によるチェックの重点は、銀行が正しく計算を行い、虚偽の申告を行わないようなしっかりとした内部統制と法令等遵守（コンプライアンス）の体制が整っているかどうかを確認することに置かれることになる。実際のリスク負担量の計測は銀行が行い、公的当局はその手続き的正当性を検証するという役割分担である。

†セーフティネット

次に、かりに個別銀行の経営破綻が起こったとしても、そのことが金融システム全般を巻き込んだ混乱につながらないように処理するための仕組みが、既述のように事後的措置である。事後的措置は、別名セーフティネットと呼ばれることも多い。中央銀行の「最後

図表7－1　自己資本比率規制の概要

国際統一基準（BIS基準）

［対象金融機関…海外営業拠点(海外支店又は海外現地法人)を有する金融機関］

［算 式］

$$自己資本比率=\frac{基本的項目+補完的項目-控除項目}{リスク・アセット}\geqq 8\%$$

(参考)

1．基本的項目（Tier1）とは、資本勘定（資本金、法定準備金、剰余金等）の額をいう。
2．補完的項目（Tier2）とは、①その他有価証券の評価差益（注）の45％、②不動産の再評価額の45％、③一般貸倒引当金（リスク・アセットの1.25％が算入の上限）、④負債性資本調達手段（Upper Tier2としては永久劣後債等、Lower Tier2としては期限付劣後ローン等）の合計額をいう。
 (注)損益ネット後の値が正である場合。損益ネット後評価損が発生する場合は税効果調整後の全額をTier1より控除。
3．但し、補完的項目の額は、基本的項目の額を限度として算入が可能。また、補完的項目におけるLower Tier2は、基本的項目の額の1／2を限度として算入が可能。
4．控除項目とは銀行間における意図的な資本調達手段の保有に相当する額をいう。
5．リスク・アセットとは、資産の各項目にそれぞれのリスク・ウェイトを乗じて得た額の合計額をいう。
6．リスク・ウェイトの例
 リスク・ウェイト0％…国債、地方債、現金等。リスク・ウェイト10％…政府関係機関債等
 リスク・ウェイト20％…金融機関向け債権　　リスク・ウェイト50％…抵当権付住宅ローン
 リスク・ウェイト100％…通常のローン

国内基準

［対象金融機関…海外営業拠点のない金融機関］

［算 式］

$$自己資本比率=\frac{基本的項目+補完的項目-控除項目}{リスク・アセット}\geqq 4\%$$

(参考)その他有価証券の評価差益（注）については、国際統一基準と異なり、補完的項目及びリスク・アセットに算入しない。

(注)損益ネット後の値が正である場合。損益ネット後評価損が発生する場合は国際統一基準と同様の取扱い。

出所：金融庁

の貸し手」としての働きや預金保険制度が、こうした意味でのセーフティネットの分かりやすい例であるが、その他にも公的当局による救済合併の斡旋などの措置もある。

セーフティネットの役割について考える際には、個別的な銀行の経営困難が支払い能力の喪失によるものか、流動性の一時的な欠如（資金繰り上の困難）によるものかを区別することが重要になる。何かの理由で預金の払い戻しの請求が極度に集中すると、健全な経営内容をもった銀行であっても、流動性の不足から経営困難に陥ることがある。しかし、こうした事態は、銀行の支払い能力の喪失とは区別されねばならない。

流動性の不足に陥った銀行を救済する代表的な方法は、法貨を創出できる唯一の主体である中央銀行による、その銀行に対する貸出である。どのような場合にも、中央銀行は、貸出を通じて金融市場に流動性を供給することができる。こうした中央銀行の機能を、最後の貸し手（lender of last resort）機能という。こうした中央銀行の最後の貸し手機能の重要性は、実際の金融危機の経験を通じて、古くから知られている。

もちろん、支払い能力を失った銀行に対しても、中央銀行が貸出を行い、それを救済することは可能である。けれども、そうした全くの救済のための中央銀行貸出は、民間銀行の経営責任を曖昧にし、後述のモラルハザードを惹起するおそれがあることと、物価安定のための金融政策の遂行というもう一つの中央銀行の使命とも矛盾しかねないものであることから、避けるべきであると考えられている。

しかし、だからといって、支払い能力が毀損された銀行に対して、救済を行わず、破綻を宣告するとした場合、そのことによる被害が預金者にまで及ぶとすれば、取り付けによる金融危機の発生原因となりかねない。それゆえこの場合、預金者に対しては、個々の銀行の存廃にかかわらず預金の払い戻しを保証し、損失を与えないことが同時に必要になる。そうした仕組みとして存在しているのが、預金保険制度である。

預金保険制度は、公的機関が保険料の徴収と引き替えに、制度に加入している銀行の預金払い戻しを保証する仕組みである。この制度は、まず米国で発達し、その経験から個別銀行の破綻が金融危機にまで拡大することを防止する上で、きわめて有効な働きをすることが知られている。わが国では、一九七一年からこの制度が発足し、一九九〇年代以降の金融危機の中で拡充が図られ、現在ではかなり整備されたものとなっている。

わが国の預金保険制度は、政府、日銀、民間銀行の三者の出資による特殊法人である「預金保険機構」によって運営されており、加入銀行から年間保険料として被保険預金額の〇・〇八四%を徴収する一方で、預金者一人一銀行あたり一〇〇〇万円までの預金の元利合計の払い戻しを保証している。預金保険の発動の方式には、破綻した銀行に代わって直接預金者に預金を払い戻すという保険金支払い方式（ペイオフ）以外に、合併等（合併、営業譲渡、買収）に伴う資金援助といった方式が認められている。

後者の合併等に伴う資金援助方式とは、経営困難に陥った銀行を他の銀行が救済を目的に合併等を行う際に、預金保険機構が後者に資金を援助（資金貸付・預入、資産買取り、債務保証等）する方式である。銀行の破綻に際して救済銀行が直ちに現れない場合には、預金保険機構自身が一時的に承継銀行（ブリッジバンク）を設立して対応することもある。

なお、保険金支払い（ペイオフ）というかたちでの制度の発動実績はまだないが、資金援助については一九九二年以降かなり頻繁に実施されてきた。

†モラルハザードと早期是正措置

他方、預金保険制度等を通じて預金の安全性が完全に保証され、そのことを預金者の側も当然のこととみなすようになると、銀行の経営規律を弛緩させることになるという弊害が生じるおそれがある。セーフティネットは事後的に発動されるものであるけれども、それが存在しているということは、個別銀行の経営破綻が起こった後ではじめて意味をもつだけではなく、あらかじめ預金者に安心感を与え、取り付け等の発生を抑止することにつながるという事前的な効果ももっている。

預金者がセーフティネットの保護下にある場合とそうでない場合では、預金者の銀行に

図表 7－2　日米の預金保険制度

	日本	米国
機関名	預金保険機構 Deposit Insurance Corporation of Japan（DICJ）	連邦預金保険公社 Federal Deposit Insurance Corporation（FDIC）
設立年	1971年	1934年
性格	公的機関	公的機関
職員数	361名（2009年度定員）	4,484名（2008年1月）
対象金融機関	【強制加盟】 日本国内に本店のある次の金融機関：①銀行法に規定する銀行、②長期信用銀行法に規定する長期信用銀行、③信用金庫、④信用組合、⑤労働金庫、⑥信金中央金庫、⑦全国信用協同組合連合会、⑧労働金庫連合会、⑨商工組合中央金庫	【強制加盟】 ①銀行、②商業銀行、③貯蓄貸付組合、④貯蓄金融機関、⑤貯蓄銀行
対象預金	【対象預金等】 ①預金、②定期積金、③掛金、④元本補てん契約のある金銭信託（ビッグなどの貸付信託を含む）、⑤金融債（保護預り専用商品に限る） 【対象外預金等】 ①外貨預金、②譲渡性預金、③募集債である金融債及び保護預り契約が終了した金融債、④受益権が社債、株式等振替法の対象である貸付信託、⑤特別国際金融取引勘定において経理された預金（オフショア預金）、⑥日本銀行からの預金等（国庫金を除く）、⑦対象金融機関からの預金等（確定拠出年金の積立金の運用に係る預金等を除く）、⑧機構からの預金等、⑨無記名預金等 【保護対象外預金等】 ①他人（仮設人を含む）名義の預金等、②導入預金等	【対象預金】 ①当座預金、②普通預金、③定期預金、④譲渡性預金、⑤外貨預金、⑥小切手、為替、トラベラーズチェック 【対象外預金】 ①債券（2008年10月に、2009年末まで時限的に一定の債券の全額保護を発表）、②信託商品
付保限度額	合算して元本1千万円までとその利息等。決済用預金は全額保護（恒久措置）	10万ドル（約1千万円、利息は内数）2013年12月末までの時限措置：25万ドル 2009年12月末までの時限措置：決済用預金は、申請のあった銀行につき、全額保護（別途、保険料が必要）
保険料率	定率保険料率 0.107％（決済用預金） 0.081％（一般預金等） （平成21年4月より）	可変保険料率 0.07-0.775％（2009年第2四半期より）
その他	・農業協同組合、漁業協同組合、水産加工業協同組合、農林中央金庫は「農水産業協同組合貯金保険機構」により保護される ・証券会社は「投資者保護基金」により保護される ・生命・損害保険会社は、「保険契約者保護機構」により保護される	・信用組合の預金はNational Credit Union Administration（NCUA）により保護される

出所：『預金保険機構年報2008』

対する資金供給の姿勢は当然に異なることになる。完全なセーフティネットが提供されているならば、預金者は、預金の払い戻しが受けられないかもしれないというリスク（銀行の債務不履行リスク）から免疫化されることになり、銀行の経営状態に対して無関心になるという傾向が生まれる。

同じ事態を銀行の側からみると、セーフティネットのおかげで銀行は、本来は債務不履行リスクを伴う負債である預金に、安全利子率（債務不履行のリスクがないとしたときの利子率）さえ支払えばよくなるということである。セーフティネットが提供されていなければ、預金者は預け先の銀行の債務不履行リスクの程度に応じて上乗せの金利（リスク・プレミアム）を要求するか、あまりに危険な先には預けようとしなくなるはずである。

要するに、セーフティネットが存在すると、銀行はそうした預金者による選別を受けなくても済むようになる。この意味で、セーフティネットはあくまでも直接には預金者の保護を意図したものであって、銀行の保護を意図していないものであるとしても、結果としては、その存在のゆえに上乗せ金利を支払わなくてもよくなるというかたちで、銀行に利益が帰着することになる（その代わり、銀行は保険料を払う必要がある）。

しかも、そうした利益は、本来支払わねばならない上乗せ金利幅が大きい状態、すなわち、債務不履行リスクの大きい状態にあるほど、大きいことになる。いわば、危険な銀行ほど得をするかたちになる。そのために、セーフティネットの存在は、銀行のリスク負担を促進し、過大なものとさせる偏り（負の誘因効果）をもつことになる。これが、いわゆるセーフティネットの提供に伴うモラルハザードの発生として知られている問題である。

もっとも、セーフティネットの保護下にあるからといって、健全な経営状態にある銀行が直ちに過度のリスク負担に向かうと考えるのは、あまり現実的ではない。というのは、そうした銀行（の経営者、株主、従業員）は、もし破綻に至れば（将来の利得につながる名声などの）「失うもの」を多くもっているといえるからである。

しかし逆に、何らかの理由でもはや「失うもの」のなくなった銀行については、全く逆のことがいえる。経営破綻の淵にある（あるいは、すでに事実上の破綻状態にある）銀行の関係者にとっては、セーフティネットの存在のおかげで、なおかつ安全利子率で資金の調達が可能であるならば、いわば座して死を待つよりも、僥倖に恵まれることを期待してギャンブル的な投資を行うことが、むしろ合理的な行動となる。

というのは、そうした行動をとらなかったとしても、どうせ破綻を迎えるのであれば、微かな可能性でも残されていれば、その運命から脱却する試みを行う方が得策だからである。このような事情から、「失うもの」のなくなった銀行については、モラルハザード（俗には、「乱脈経営」と呼ばれるような行動）を起こすことがほぼ不可避であると思われる。

こうした事態を回避するためには、経営破綻状態に至った銀行については、直ちに閉鎖（あるいは、他の銀行との合併や自己資本の増額等の適切な再組織化）の措置をとることである。具体的には、当該の銀行の自己資本比率（自己資本額／リスク資産額）を基準に、その値が一定水準を下回ったなら、その銀行を公的当局の直接的監視下に置き、経営改善措置をとらせる。そうした経営改善措置が功を奏したら監視を解くが、そうならなければ、最終的には破綻処理に入るというものである。

こうした措置は、一般に早期是正措置（Prompt Corrective Action, ＰＣＡ）と呼ばれており、セーフティネット提供に伴うモラルハザードの弊害を防止するために不可欠なものである。それゆえ、わが国でも一九九八年以降、その導入が法制化されている。

2 資本市場とルール

†市場ルールの必要性

前節では、もっぱら銀行（預金取扱金融機関）に対する規制に関して述べてきた。しか

図表７－３　早期是正措置の概要

区分	自己資本比率		措置の概要
	国際統一基準	国内基準	
1	8％未満	4％未満	原則として資本の増強に係る措置を含む経営改善計画の提出及びその実行命令
2	4％未満	2％未満	資本増強計画の提出及び実行、配当又は役員賞与の禁止又は抑制、総資産の圧縮又は増加抑制、高金利預金の受入れの禁止又は抑制、営業所における業務の縮小、営業所の廃止、子会社又は海外現法の業務の縮小、子会社又は海外現法の株式の処分等の命令
2の2	2％未満	1％未満	自己資本の充実、大幅な業務の縮小、合併又は銀行業の廃止等の措置のいずれかを選択した上、当該選択に係る措置を実施することの命令
3	0％未満	0％未満	業務の一部又は全部の停止命令 但し、以下の場合には第２区分の２以上の措置を講ずることができる。 ①金融機関の含み益を加えた純資産価値が正の値である場合。 ②含み益を加えた純資産価値が負の値であっても、ｉ）それまでの経営改善計画や個別措置の実施状況と今後の実現可能性、ii）業務収支率等収益率の状況、iii）不良債権比率の状況、等を総合的に勘案の上、明らかに純資産価値が正の値となる見込みがある場合。 なお、同区分に属さない金融機関であっても、含み損を加えた純資産価値が負の値である場合や、負となることが明らかに予想される場合は、業務停止命令を発出することがありうる。

（注１）　全ての金融機関に対し、流動性不足等を原因とする業務停止命令（銀行法第26条第１項、第27条）を発出することがありうる。

（注２）　第２区分又は第３区分に該当する金融機関であっても、当該金融機関が合理的と認められる経営改善計画を策定し、同計画が比較的短期で確実に達成できると見込まれる場合は、当該金融機関の属する区分より上の区分の措置を講ずることができる。

出所：金融庁

し、銀行以外の金融資本市場で仲介を行っている業者（証券会社等）や、広く金融資本市場の参加者（証券の発行体、投資家等）一般に対しても、（公的当局によって強制される規制を含む）一定のルールを遵守することが求められる。

市場経済は、本来的に弱肉強食のジャングルの類では決してなく、プロスポーツの試合に例えられるべきものである。プロスポーツは、勝負であって、勝つことが最優先の目的である。しかしだからといって、そのために手段を選ばずということが許されているわけではない。一定のルールが存在し、それに従うことが前提条件となっている。無法を謳い文句にしているようなプロ格闘技であっても、実は反則（禁じ手）が定められている。

これと同様に市場経済でも、儲けることが最優先の目的であるとしても、そのために何をしてもよいわけでは決してない。取引に際して一定のルールを守ることが不可欠である。そして、一定のルールに従った行動をとる方が、実は長期的には利益があがるといえる。というのは、ルールも何もなくて、どのような目に遭うかもしれないところに人は寄りつこうとはしないので、取引そのものの機会が失われることになってしまうからである。

長期的に取引を継続して利益をあげていこうとするならば、一定のルールを設け、それに従うという姿勢をとることが必要になる。それゆえ、商道徳やビジネス倫理といわれるものは、昔から自生的に形成されてきている。わが国でも、江戸時代中期以降には石田梅岩を開祖とする石門心学などの商業倫理の考え方が広く普及するようになっている。また、「浮利を追わず」といった家訓を設けて、目先の利益だけを追求するような行動を戒めることも、大手商家では一般化していた。

ただし、こうした自生的なルール形成の動きはきわめて重要なものではあるけれども、それだけで十分だと常にいえるわけではない。換言すると、法制的レベルでルールを整備し、公権力を背景にして、その遵守を確保するといったことが必要となる場合もある。そして、金融取引はそうした必要性が顕著な取引の典型例の一つであるといえる。

第1章で最初に説明したように、そもそも金融商品は、将来あらかじめ定められた条件に応じて所得を引き渡すという「約束」を表章したものにほかならず、それに素材的な価値はない。それゆえ、詐欺的な行動をとるといった余地は、通常の物財を取引する場合よりも格段に大きい。後者の場合であれば、お金と引き替えに何かのものは渡さなくてはならないが、金融取引であれば、お金と引き替えに「紙切れ」を渡せばよいだけである。

したがって、投資家がだまされる懸念をもたずに金融取引ができるようにするためには、自主的な取り組みに加えて、やはり司法・警察制度を通じる履行確保の仕組みが不可欠になる。さらに、相対取引ではなく、広くマーケットで金融商品を取引しようとすると、発行時における情報開示のみならず、流通段階での取引の公正性を確保するような措置も必要になる。こうした投資家保護の必要性を満たすためには、市場参加者自身の取り組みに加えて、公的な関与も求められることになる。

また、資本市場という機構が一旦成立すると、そこでの取引の結果は、その取引における売り手と買い手のみに関わるものではなくなる。すなわち、既述のように、資本市場で形成される価格は広く経済全体にシグナルとして発信されることになり、その水準や変化は、直接に資本市場に参加していない経済主体の意思決定にも影響を及ぼすことになる。したがって、資本市場で形成される価格は、情報効率的なものでなければならない。

価格が情報効率的であるとは、広範な市場参加者の間に分散している情報を集約して的確に反映した水準のものになっているということである。何らの事情から直接の取引当事者にとっては都合がよいということで、情報効率的な水準とは異なる価格がつけられると、資本市場の情報発信機能は損なわれてしまう。

特定の市場参加者の行動が、広く経済全体に影響する資本市場の情報発信機能を損なうようなものである場合には、それは市場乱用行為 (market abuse) といえ、許されてはならないものである。資本市場は「公器」であって、個別の市場参加者の利益に帰着する分を超えた社会的利益をもたらす存在だと了解しなければならない。この点で、政府による資本市場規制の根拠は、先に述べた投資家保護の必要性に加えて、資本市場の全体としての機能（とくに情報効率的な価格形成）の維持を図る必要性にあるといえる。

†不公正取引からの投資家保護

預金者保護は、銀行が破綻しようが預金の安全性は確保するということであった。しかし、投資家保護は、投資家に損をさせないということではない。投資家が、ある金融商品のリスク特性について正確な説明を受け、十分に理解した上で、その金融商品を購入しているならば、結果的に損が出ても、それは投資家の自己責任である。

けれども、投資家が、ある金融商品にリスクが伴うにもかかわらず、それを知らされないままに購入し、損失を被った場合には、話は別である。この場合には、投資家は、その金融商品の販売者に対して損害賠償を請求できる。そうした投資家の権利は守られなければならない。すなわち、投資家保護とは、（金融商品のリスク特性を隠して販売するなどの）不公正な取引からの保護という意味である。取引が公正なものであった場合には、その結果は投資家の自己責任に帰すべきものである。

したがって、金融資本市場での取引が対等な取引者間で行われているとみなせるときには、「投資商品のリスクについて説明すれば投資リスクは投資家側に移転するが、説明しなければ移転しない」といった金融取引当事者間の私法的な権利義務関係を明確化し、その実効性を確保する措置をとれば、投資家保護としては十分だということになる。あとは、自己責任原則に基づいてマーケットでの取引は行われればよい。

しかしながら、金融資本市場での取引では、取引者間に情報・知識や交渉力といった面で大きな格差が存在している場合を無視できない。例えば、業として金融商品の取引を行っている金融機関とその顧客である個人投資家といった場合を考えると、情報その他の面で前者が優位にあり、後者が劣位にあると考えられる。この種の格差がみられる場合には、優位者側（すなわち、業者）により強い配慮を義務づける必要がある。

こうした金融商品の取引業者に課されるルールとしては、例えば、販売・勧誘行為に関するルールがある。これは、説明義務、適合性原則、勧誘規制・広告規制等からなる。説明義務というのは、金融商品の販売にあたっては、そのリスク特性について正確に説明し、顧客が理解したことを確認しなければいけないということである。

また、適合性原則とは、そもそも顧客にふさわしい金融商品しか販売してはならないということである。すなわち、所得や資産の少ない者に対して、きわめて巨額の損失を被る可能性のあるリスクの大きな投資商品を販売するとか、金融の知識が乏しい者に対して、きわめて仕組みが複雑で専門家でも内容を十分理解することが困難であるような投資商品を販売するとかといったことは、適合性原則に違反することになる。

さらに、顧客側が何度も断っているのにしつこく勧誘行為を繰り返すとか、金融商品の有利な面だけを記載し、不利な点は記載しない（あるいは、読めないような小さな活字で記載する）といった広告を出すことが、不公正であるのはいうまでもないであろう。そして、こうした不公正な行為を行うべきでないというのも、いうまでもないことである。

実際、職業上の責任（professional liability）を自覚している多くのまっとうな金融取引業者は、規制がなくても、（自らの評判と長期的利益を考慮して）不公正な行為は行わない。しかし残念なことに、情報その他の面での格差を悪用して、個人投資家から収奪することを意図して金融取引に参加しているような悪質な業者も皆無ではなく、しばしば出現してくる。それゆえ、こうした言わずもがなの規制が必要となっている。

なお、個人投資家は、単に金融商品を購入するというだけではなく、専門家としての業者に資産の運用等を委託しているといえる場合も多い。こうした委託・受託関係が存在している場合には、業者側には受託者責任・義務（fiduciary duty）が求められることになる。すなわち、受託者には、善管（善良な管理者としての）注意義務や忠実義務が課されることになり、自己（あるいは他の顧客）の利益を優先して、委託者の利益を犠牲にするといった利益相反の発生は回避されなければならない。

†情報効率的な価格形成の維持

情報開示（ディスクロージャー）は、投資家保護の観点からも情報効率的な価格形成の維持の観点からも、資本市場規制の根幹をなすものだといえる。しかし、情報公開を義務づける必要が本当にあるのかという点については、経済学的な異論も存在する。

というのは、自己の内容が優れている者は、義務づけなくても、自発的にそのことを開示しようとするはずだからである。すると、開示しない者は、内容が悪い者だと市場からみなされることになるので、市場規律が働いて、（最も内容の悪い者以外は）結局すべての者が内容を開示することになると推論できる。

確かに、開示される情報の信頼性が自動的に確保されるような状況であれば、こうした推論は妥当するといえる。しかし、内容の悪い者が良いと偽るような虚偽の情報開示が可能であるならば、そうとはいえなくなる。それゆえ、こうした推論に与するとしても、開示情報の信頼性を確保するような措置（例えば、会計監査の義務づけ等）の必要性は認められることになる。

また、開示される情報の内容は、単に嘘ではなく真実だというだけではなく、比較可能性をもっていなければならない。そして、都合のよいことだけ開示するといった選択的な情報開示も排除されるべきである。これらの要請からは、情報開示の基準とフォーマットに関しての標準化が図られる必要があるということになる。

こうしたことから、情報開示に関するルールの形成とその実効性確保が必要になってくると考えられる。情報開示は、証券の発行時とそれ以降は定期的に（四半期、あるいは半年に一度）行うだけではなく、証券の価値評価に影響を及ぼしかねない重要事項が発生した際には随時行うことになっている（これを適時開示という）。

資本市場における価格形成を歪めないために、詐欺的行為（偽計取引）はもちろんのこと、相場操縦や風説の流布（市場価格に影響を与えることを意図して虚偽の情報を流すこと）は禁止されている。また、インサイダー取引、すなわち、企業の関係者（あるいは、それらの者から情報を受領した者）が、重要事項に関する未公開の情報を利用して、その企業の発行する株式等の取引を行うことも禁止されている。

インサイダー取引に関しても、それを禁止するのではなく、許可した方が、より価格に情報が織り込まれやすくなり、資本市場の情報効率性が高まるという経済学的な異論が存在する。しかし、インサイダー取引は、一般の投資家にきわめて不公正感を与えて資本市場への信頼を傷つけるものであるので、それを禁止し、価格への情報の反映は適時開示を充実させることで実現するという政策判断がとられていると考えられる。

なお、以上に述べてきたような資本市場に関わるルールの形成とその実効性確保のすべてが、政府の役割だというわけではない。すでに述べた市場参加者自身による自主的な取り組みによるべきところも大きい。

一般に、公的当局は自分でビジネスを行っているわけではないので、自分でビジネスをやっている規制される側の業者に比べて、ビジネスの実情に関して情報劣位にある。この意味で、そもそも公的規制は、情報劣位者が情報優位者を規制するという限界をもっている。それゆえ、公的規制には、どうしても機械的・一律的で、ビジネスの実情を無視したものになりやすいといった弊害が伴いがちである。

こうした問題は、現代の高度化・複雑化した資本市場においてはとくに深刻なものである。したがって、公的規制だけに頼って市場ルールの確保を図ろうとすることは、全く適切ではない。むしろ市場参加者自身による自主的な取り組みを中心に、それを補完するものとして公的規制を位置づけるといった制度設計が求められている。

この意味で、業者自身の法令等遵守（コンプライアンス）体制の充実と並んで、市場参加者のグループによる自主規制に期待される役割は大きい。ビジネスの実情を最もよく知っているはずの当事者によって、実情に即した柔軟なルールの形成とその実効性確保が図られることが望ましい。もちろん自主規制は、競争制限（カルテル）的なものになったり、業者の短期的な利益を重視したものになってはならない。

投資家が安心して取引ができ、情報効率的な価格形成の行われる質の高い資本市場が成立するためには、市場参加者の品格が高くなくてはならない。かつて石田梅岩は「実《まこと》の商人は、先も立ち、我も立つことを思うなり」と述べたが、資本市場には、自分だけが儲かれば取引相手が損をしても意に介さないような偽りの商人は排除され、まことの商人だけが参加を許されるべきである。

3　金融危機後の規制監督

†政府の失敗

第1節での議論を改めて総括すると、現代における望ましいプルーデンス政策は、次の二本柱からなると考えられる。

まず、第一の柱は、銀行の自己資本充実度と内部統制（リスク管理）体制に関する公的当局による監視活動である。公的当局は、銀行の行動そのものに干渉するのではなく、その経営状態とガバナンス体制をチェックする役割を主とすべきである。監視の結果、十分な自己資本をもち、しっかりとしたガバナンス体制も確立していると判明された銀行に対しては、全面的に行動の自由を認めるべきである。

第二の柱は、事後的な対応の面での早期是正措置である。すなわち、監視活動の結果、自己資本の毀損が発見された銀行に対しては、基本的に裁量を挟むことなく、直ちにしかるべき是正措置（業務改善命令など）をとる。もしそうした措置にもかかわらず、自己資本の毀損が止まらない場合には、その銀行は閉鎖し破綻処理の対象とする。

こうした透明性の高い事前的対策と客観的なルールに基づく事後的措置の組み合わせを実現することで、金融システムの効率性を大きく損なうことなく、「信用秩序の維持と預金者の保護」を実現できると期待されてきた。しかし、今般の米国から始まった金融危機の経験は、プルーデンス政策のあり方に関してさらなる見直しを求めるものとなっている。

従来、システム危機に至る経路としては、銀行間の債権・債務関係の存在を通じて危機が伝播する、一つないし少数の銀行の支払い不能（ないしはその懸念）が取り付けを誘発する、といったメカニズムが想定されていた。そして、これらのメカニズムが作動してシステム危機に至るリスクのことをシステミック・リスクと呼んできた（第2章を参照）。

今回の米国金融危機の場合には、一つには、この銀行取り付けにきわめて類似した事態が起こって、システムミック・リスクが顕在化することになったと考えられる。

証券化商品に投資をしていたヘッジファンドや投資専門会社は、資金調達において外部負債に依存する度合（レバレッジ）が著しく高くなっていたと同時に、それらの負債の満期限は（運用対象に比べて）ごく短期のものであった。要するに、それらの財務構造は、「短期で借りて長期で貸す」という銀行類似のものであった。こうした状態において、不安に駆られた資金提供者が一斉に解約を求めたり、借り換えに応じなくなった結果として、システム危機に至ったといえる。

もっとも、こうした事態は、右で述べたようなプルーデンス政策を適切に実施していれば防止可能なはずのものである。換言すると、今回米国で金融危機が発生した理由の一つは、米国における金融規制監督の体制が不十分で整合性を欠いたものであったことにあるといえる。すなわち、伝統的な銀行部門に対しては、既述のようなプルーデンス政策が実施されていたが、伝統的な銀行部門の外側で発達し、銀行類似の機能を果たすようになっていた部分に対しては、ほとんど規制監督が及んでいなかった。

こうした規制監督の範囲外にあった部分は、現在では「影の銀行システム（Shadow Banking System）」と呼ばれるようになっている。影の銀行システムが発達していることは、全く気づかれていなかったわけではなく、それに対する規制監督を強化すべきだという指摘も行われていた。にもかかわらず、規制監督がほとんど加えられてこなかった。

例えば、A・ブラインダー教授の指摘によれば、一九九四年に米商品先物取引委員会(CFTC)がOTCデリバティブに対する規制を提案していたけれども、米財務省、FRB、米証券取引委員会(SEC)が反対し、実現しなかった。また、二〇〇四年には、SECが大手投資銀行に対する自己資本比率規制を緩和し、高レバレッジを許容した。さらに〇四～〇七年の頃には、サブプライム・ローンが急増するとともに、融資基準は劣悪なものとなり、不透明な取引も横行していたことが明白だったのに、それらをどの規制監督当局も止めようとしなかった。

このように規制監督上の無作為が放置されてきたという点において、ブッシュ政権(一部は、その前のクリントン政権)の政策対応に問題があったといわざるを得ない。この意味で、今回の米国における金融危機の発生は、政府の政策対応の失敗によるものだという面が少なくない。こうした「政府の失敗」が生じた背景には、ブッシュ政権の自由放任主義的なイデオロギーに加えて、投資銀行関係者等がロビー活動その他を通じて強い影響力を行使してきたという政治経済学的な要因があるとみられる。

ただし、今回の米国金融危機においては、もう一つ別に、銀行取り付けとは異なるかたちの、これまであまり経験されてこなかったタイプの経路を通じてシステム危機が起こったといえる面がある。それらは、多くの金融機関の間でリスク管理手法が共通していることから、個別金融機関の行動が合成されて予期しないかたちで甚大なマーケット・インパクトが引き起こされる、あるいは、市場流動性が蒸発するといったメカニズムである。

要するに、金融機能の分解が進行し、市場型間接金融が発達したことから、システム危機に至るメカニズムにも変容が生じてきたといえる。こうした新たなタイプのメカニズムの作動によってシステム危機に陥るリスクは、とくに市場型システミック・リスクと呼ばれるようになってきている。というのは、このタイプのシステミック・リスクは、特定(あるいは、特定の種類)の資産市場で価格が急落し、そのことが市場流動性(market liquidity)の低下につながることから発生すると考えられるからである。

市場流動性とは、取引の実行し易さのことを意味している。すなわち、取引相手がすぐに見つかって、いつでも当該の財とか資産を売ったり買ったりすることが、市場価格にさしたる影響を与えることなく可能であれば、その市場は流動性に富んでいるといわれる。逆に、取引相手を見つけるのが難しかったり、小規模な(売り、または買い)注文を出しただけで、市場価格が大きく変動したりする市場は、非流動的であるといわれる。

市場の流動性は、最終的な売り手や買い手だけによって確保できるものではない。実際にはそれは、裁定や投機を主たる取引動機とするトレーダーやマーケット・メーカーと呼ばれるような主体の参加があってはじめて十分に提供されるものである。

トレーダーは、突然の売り注文によって市場価格がファンダメンタル価値よりも下落したならば、市場価格のファンダメンタル価値への回帰を期待して、買いに応じる（逆は逆）。また、マーケット・メーカーは、一定の買い価格（bid price）で常に購入に応じ、一定の売り価格（ask price）で常に売却に応じることで、市場に流動性を提供している。逆にいうと、これらのトレーダー等が活動を停止すると、市場流動性は著しく失われることになる。

資産価格が下落すると、通常の場合には、既述のようにトレーダー等による買いが入ることになって、価格が回復するモメンタムが与えられることになる。しかし、何らかのショックによって資産価格がきわめて大幅に下落した場合には、こうしたメカニズム（ネガティブ・フィードバック・システム）が作動しなくなるだけでなく、それとは逆のメカニズム（ポジティブ・フィードバック・システム）が働くことがある。

例えば、当初の資産価格の下落があまりに大きいと、それによってトレーダー等が著しい損失を被り、追加的なリスクをとる余裕を失ってしまうことがあり得る。

いまの市場価格がファンダメンタル価値に比べて割安であると判断されても、買いポジションをとることは全く無リスクではない（例えば、ファンダメンタル価値に戻るまでに長い時間を要するかもしれない）し、資金調達等が必要になる。トレーダー等が損失を抱えてしまっていると、そうしたリスクをとれなかったり、資金調達が困難になる可能性がある。そのために、買い注文が入らないことが考えられる。

さらに、トレーダー等が損失を抱えてしまうと、その信用度が低下するので、既存の取引に関して追加的な証拠金を徴収されたり、取引の相手方（カウンターパーティ）から追加的な担保の差し入れを求められたりする。すると、そうした証拠金や担保として必要な資金を確保するために、トレーダー等はむしろ保有する資産を売却しなければならなくなる。あるいは、強制的にポジションを手仕舞わなければならなくなり、やはり保有資産の売却が行われることになる。

極端な場合には、傷ついたトレーダー等の損失を増大させ、保有資産の投げ売りに追い込む目的で、売りを仕掛けるといった行動（predatory trading と呼ばれる）が他のトレーダー等によってとられることもある。こうした行動の結果として、さらなる資産売却が起こって資産価格がもう一段低下したところで買い戻して、差益を稼ごうとするわけである。

これらのことでトレーダー等の活動が不活発になり、市場流動性が減少すると、その市場でファンディングを行っていた主体の資金流動性(funding liquidity)も低下することになる。資金流動性とは、資金調達の容易さのことを意味する。

いつでも資金を調達したいと思ったときに資金が調達できる状態にあるならば、資金流動性が確保されているといい、逆に一定の金利を支払う用意があるにもかかわらず、なかなか資金提供に応じてくれる先が見つからないといった場合には、資金流動性が不足しているといわれる。そして、トレーダー等が資金流動性の制約に直面するようになると、その活動はさらに停滞することになり、市場流動性が一層減少することになる。

こうした悪循環(Liquidity Spirals)が起こってしまうと、売りが売りを呼ぶことになって、さらなる資産価格の下落が引き起こされたり、ある資産市場での価格下落が他の資産市場にも伝播するという事態がもたらされることになる。その行き着く先は、広範な資産市場における突然の流動性の枯渇である。市場型システミック・リスクとは、この種の帰結に至るリスクをさしていると理解できる。

†規制監督体制の見直し

このような新たなシステミック・リスクの発生を経験したことから、伝統的なシステミック・リスクのみならず、市場型システミック・リスクにも対処できるかたちに規制監督

図表7－4　流動性の悪循環（Liquidity Spirals）

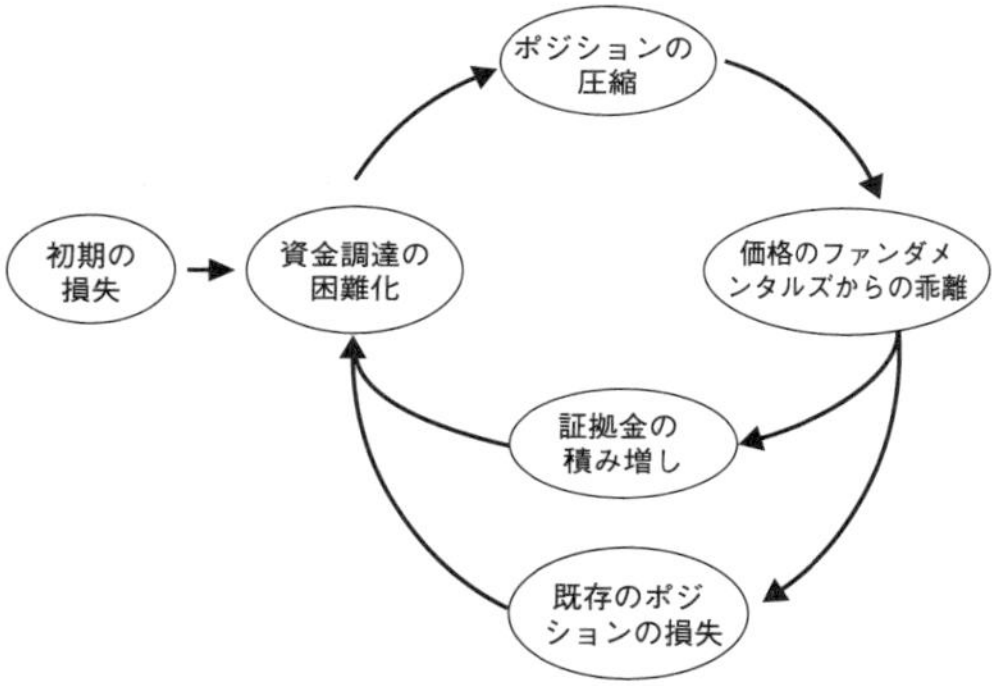

出所：Brunnermeier, M.K. and L.H. Pedersen, "Market Liquidity and Funding Liquidity," *Review of Financial Studies*, June 2009, p.2204.

体制をはじめとした制度的な枠組みを見直す必要が指摘されるようになっている。

　ただし、市場型システミック・リスクに対しても、従来からのプルーデンス政策の第一の柱である自己資本比率規制は依然として有効なものであると考えられる。というのは、右で述べたことから、市場型システミック・リスクは、トレーダー等のレバレッジが大きいほど起こりやすいと考えられるからである。

　その理由の一つは、レバレッジが大きければ、資産価格の下落がトレーダー等の自己資本を毀損する度合が大きくなるからである。例えば、外部負債と自己資本の比率が10：1（レバレッジが十倍）のときには、一〇％の保有資産価格の下落で、そのトレーダー等は債務超過に陥ることになる。レバレッジが二十倍であれば、五％の保有資産価格の下落でそうなってしまう。それゆえ、レバレッジの倍率を抑制することによって、最初のショックによるトレーダー等の損失が過度なものとなることを回避できると期待できる。

理由のもう一つは、レバレッジが大きいほど、外部からの資金調達の必要性も大きいことになり、それだけ「市場流動性の低下→資金流動性の低下→一層の市場流動性の低下……」といった悪循環に陥りやすくなると考えられることである。

したがって、レバレッジの倍率を一定以下に抑制する、換言すると一定率以上の自己資本比率の維持を求めるという規制は、市場型システミック・リスク対策としても有効であると考えられる。もっとも、自己資本比率規制の実施の詳細については、見直されるべきところがないわけではない。とくに資本の質について再検討すべきだとか、現行の自己資本比率規制に伴う景気循環増幅的な効果を是正すべきだという意見は強い。

現行の規制上の資本の概念は、会計上のそれとは異なっており、劣後債の発行等で調達された資金も「資本」に含められている。しかし、劣後債等は、返済や金利（配当）支払いの義務が伴うなどの負債的性格があることから、危機時のバッファーにはなりにくいとの批判がある。それゆえ、金融機関の資本のうちで普通株と利益剰余金による部分（コア自己資本）がどれだけあるかを重視すべきだというのが、資本の質に関する議論である。

また、景気後退期に、貸し倒れ損失の増大などから自己資本が毀損すると、一定の自己資本比率を維持するために銀行が貸出を抑制するような行動をとり、その結果、さらに景気を悪化させることにつながる、あるいは景気拡大期に、資産価格の上昇等から自己資本が増大すると、銀行が積極的な貸出行動をとって、結果的にさらなる景気の過熱につながるというのが、プロシクリカリティ（景気循環増幅）の問題である。

プロシクリカリティの原因がすべて自己資本比率規制にあるわけではないけれども、自己資本比率規制の枠組みの中でも、その緩和のための対策は講じられるべきだとの意見が有力になっている。具体的には、景気拡大期にバッファーとして追加的な資本の積み上げを求め、景気後退期にその取り崩しを認めるような枠組みの導入が検討されている。

他方、市場型システミック・リスクをもたらすメカニズムにおいて、時価会計が大きな役割を果たしており、それゆえ時価会計の見直しが必要だという声も少なくない。すなわち、時価会計の下では、資産の市場価格が下落すると、それに応じて金融機関は損失を計上しなければならず、そうした損失の穴埋めのために保有資産の売却を強いられることになる場合があるとされる。

市場が正常に機能している状況においては、市場価格（時価）で資産を評価することは、投資家に正しい情報を伝えるという観点からも有益である。しかし、システミック・リスク的な状況においては、市場価格はもはやファンダメンタル価値を反映しておらず、そうした「時価」による評価は適正なものといえないという主張である。こうした主張を踏まえた上で、会計基準とその運用のあり方についても議論が進められている。

最後に、規制監督体制の面では、市場型システミック・リスクを経験したことから、個々の金融機関の経営の健全性をみている（ミクロ・プルーデンス政策）だけでは不十分であり、システム全体の安定性に配意すること（マクロ・プルーデンス政策）が必要であると認識されるようになってきている。それゆえ、米国では、マクロ・プルーデンス政策に責任をもつ「システミック・リスク規制当局」の創設が提案されている。

システミック・リスク規制当局の役割は、「最後の貸し手」としての流動性供給機能をもつ中央銀行に割り当てることが、一面では自然であるようにみられる。しかし、マクロ・プルーデンス政策の具体的な内容は実はいまだ漠としており、その任務の内容を明確化していくことは（中央銀行の伝統的役割との利益相反のおそれはないかの検討を含めて）今後の課題である。

あとがき

本書を読了された方が金融に関するさらに深い知識や追加的な情報を得ようとしたときに参考になると思われることを記して、あとがきに代えることにしたい。

本書では、わが国にどのような種類の金融機関があるかとか、資本市場の仕組みはどうなっているかといった、いわゆる金融制度の解説は行っていない。しかし、金融に関しての制度的知識は重要で、金融を本当に理解するためには基本的な制度的知識を欠かすことはできない。他方で、金融制度は刻々と変化しており、制度的知識は陳腐化する速度が速い。そのために、書籍という形態で金融制度の解説を行うことは困難になってきている。

かつては日本銀行が『わが国の金融制度』と題した書籍を刊行しており、時折、改訂が行われていた。けれども、内容をアップデートなものに保つために必要な改訂間隔がきわめて短期間になったことから、改訂作業そのものが断念され、新たには出版されなくなった。その後は、日本銀行のOBでもある鹿野嘉昭・同志社大学教授が『わが国の金融制度』の実質的な後継書となる『日本の金融制度』を刊行されている。その最新版が、

・鹿野嘉昭『日本の金融制度』第二版、東洋経済新報社、二〇〇六年八月

である。これも刊行後、数年超を経過しているが、いまのところ、最も信頼のできる金融

制度に関する解説書であるといえる。ただし、金融制度のうち、金融政策の運営とも深く関連する短期金融市場の部分については、

・東短リサーチ株式会社（編）『東京マネー・マーケット』第七版、有斐閣選書、二〇〇九年五月

がより最新の情報を提供してくれている。

これらの書籍が刊行された以後の変化については、雑誌・新聞あるいはインターネットから得られる情報によって更新・補充するしかない。インターネット・サイトの中で最も代表的な情報源は、日本銀行のホームページ（http://www.boj.or.jp）である。同ホームページからダウンロードできる「日銀レビュー」や「金融システムレポート」、「金融市場レポート」は、最新の制度的知識にとどまらない幅広い金融情報を得られる格好のテキストであるといえる。金融関連の統計データに関しても、ここから得られるものが多い。

なお、大学生・社会人向けの金融論の教科書は数多く出版されており、人によって好みが分かれるところがあると思われる。私の独断的な好みからは、

・黒田晁生『入門金融』第四版、東洋経済新報社、二〇〇六年五月

・前多康男 他『金融論をつかむ』有斐閣、二〇〇六年十二月

が推薦できる。また、拙著になるが、

・池尾和人（編著）『エコノミクス　入門金融論』ダイヤモンド社、二〇〇四年七月

も有益であると信じる。

とくに本書第3章でとりあげた金融政策について、より深く学びたい場合には、

・白川方明『現代の金融政策――理論と実際』日本経済新聞出版社、二〇〇八年三月

という絶好のテキストが存在する。現役の中央銀行総裁が書いた金融政策のテキストというのは、世界的にも珍しいと思われる。これは、総裁になることを予想していなかった白川氏が日銀退職後に大学教授をしていた時期に、それ以前の中央銀行での職務経験を踏まえながら、金融政策に関する長年の思索をまとめたものである。内容は豊富で、それゆえやや大部ではあるが、記述は平易で読みやすいものである。

本書第4章では、資産価格についてとりあげたが、資産価格の決定および資産市場の機能に関する理解は、金融システムの発展とともにますます重要になってきているといえる。こうした理解に直接かかわる分野は「ファイナンス理論」と呼ばれている。伝統的なファイナンス理論のテキストとしては、

・日本証券アナリスト協会（編）『新・証券投資論』Ｉ＝理論篇、II＝実務篇、日本経済新聞出版社、二〇〇九年六月

がある。ただし、ファイナンス理論においてもいろいろと新たな試みが出現しており、と

くに「行動ファイナンス」と呼ばれる一連の取り組みが関心を集めるようになっている。

また、本書の後半でとりあげたコーポレート・ガバナンス、リスク管理、金融規制監督といったテーマに関しても、新たな動きが次々と生じており、それらのテーマをより深く学ぶための書籍を特定することは不可能に近くなっている。すなわち、ごく少数の書籍を読むだけで済ませることはできず、それぞれのテーマに関する多くの書物を乱読し、よりリアルタイムの情報源から情報を更新していくという作業をするしかない。

本書が、そうした作業を開始するにあたっての基礎を形成することに多少とも貢献するものであれば、望外の幸せである。

二〇〇九年十二月

池尾　和人

索 引

A－Z

あ行

か行

さ行

た行

な行

は行

ま行

や行

ら行

わ行

ちくま新書

831

現代《げんだい》の金融入門《きんゆうにゅうもん》［新版］

二〇一〇年二月一〇日　第一刷発行
二〇一九年四月二五日　第一二刷発行

著者　池尾和人（いけお・かずひと）

発行者　喜入冬子

発行所　株式会社　筑摩書房
東京都台東区蔵前二-五-三　郵便番号一一一-八七五五
電話番号〇三-五六八七-二六〇一（代表）

装幀者　間村俊一

印刷・製本　三松堂印刷　株式会社

ISBN978-4-480-06529-2　C0233

ちくま新書

002 経済学を学ぶ　岩田規久男
交換と市場、需要と供給などミクロ経済学の基本問題から財政金融政策などマクロ経済学の基礎までを、現実の経済問題に即した豊富な事例で説く明快な入門書。

065 マクロ経済学を学ぶ　岩田規久男
景気はなぜ変動するのか。経済はどのようなメカニズムで成長するのか。なぜ円高や円安になるのか。基礎理論から財政金融政策まで幅広く明快に説く最新の入門書。

512 日本経済を学ぶ　岩田規久男
この先の日本経済をどう見ればよいのか？　戦後高度成長期から平成の「失われた一〇年」までを学びなおし、さまざまな課題をきちんと捉える、最新で最良の入門書。

616 「小さな政府」を問いなおす　岩田規久男
誰もがいまや「小さな政府」を当然の前提と考える。だが、格差拡大やマンション耐震偽装などの問題も生じた。本当の改革のために何が必要かを、精緻に検証する。

646 そもそも株式会社とは　岩田規久男
M&Aの増加により、会社論が盛んだ。しかし、そこには誤解や論理的といえないものも少なくない。本書は冷静な検証により「株式会社」の本質を捉える試みである。

770 世界同時不況　岩田規久男
二〇〇八年秋に発生した世界金融危機は、百年に一度の未曾有の危機といわれる。この世界同時不況は、一九三〇年代の世界大恐慌から何を教訓として学べるだろうか。

035 ケインズ　――時代と経済学　吉川洋
マクロ経済学を確立した20世紀最大の経済学者ケインズ。世界経済の動きとリアルタイムで対峙して財政・金融政策の重要性を訴えた巨人の思想と理論を明快に説く。

ちくま新書

214 セーフティーネットの政治経済学　金子勝

リストラもペイオフも日本経済の傷を深くする。「自己責任」路線の矛盾を明らかにし、将来不安によるデフレから脱するための〝信頼の経済学〟を提唱する。

263 消費資本主義のゆくえ ——コンビニから見た日本経済　松原隆一郎

既存の経済理論では説明できない九〇年代以降の消費不況。戦後日本の行動様式の変遷を追いつつ、「消費資本主義」というキーワードで現代経済を明快に解説する。

336 高校生のための経済学入門　小塩隆士

日本の高校では経済学をきちんと教えていないようだ。本書では、実践の場面で生かせる経済学の考え方をわかりやすく解説する。お父さんにもピッタリの再入門書。

352 誰のための金融再生か ——不良債権処理の非常識　山口義行

日銀がおカネをジャブジャブ流しても、金融機関の貸し渋りが続くのはなぜなのか。金融政策の誤りを明らかにし、中小企業・中小金融を基点とした改革を提唱する。

396 組織戦略の考え方 ——企業経営の健全性のために　沼上幹

組織を腐らせてしまわぬため、主体的に思考し実践しよう！　組織設計の基本から腐敗への対処法まで「これウチの会社！」と誰もが嘆くケース満載の組織戦略入門。

427 週末起業　藤井孝一

週末を利用すれば、会社に勤めながらローリスクで起業できる！　本書では「こんな時代」をたくましく生きる術を提案し、その魅力と具体的な事例を紹介する。

459 はじめて学ぶ金融論〈ビジュアル新書〉　中北徹

複雑な金融の仕組みを、図を用いてわかりやすく解説。情報の非対称性、不良債権、税効果会計など、基本から最新のトピックを網羅。これ一冊で金融がわかる！

ちくま新書

502
ゲーム理論を読みとく
——戦略的理性の批判
竹田茂夫
ビジネスから各種の紛争処理まで万能の方法論となっているゲーム理論。現代を支配する〝戦略的思考〟のエッセンスと限界を描き、そこからの離脱の可能性をさぐる。

516
金融史がわかれば世界がわかる
——「金融力」とは何か
倉都康行
マネーに翻弄され続けてきた近現代。その変遷を捉え直し、世界の金融取引がどのように発展してきたかを整理しながら、「国際金融のいま」を歴史の中で位置づける。

559
中国経済のジレンマ
——資本主義への道
関《カン》志《シ》雄《ユウ》
成長を謳歌する一方で、歪んだ発展が社会を蝕んでいる中国。ジレンマに陥る「巨龍」はどこへ行くのか？　移行期の経済構造を分析し、その潜在力を冷静に見極める。

565
使える！　確率的思考
小島寛之
この世は半歩先さえ不確かだ。上手に生きるには、可能性を見積もり適切な行動を選択する力が欠かせない。確率のテクニックを駆使して賢く判断する思考法を伝授！

582
ウェブ進化論
——本当の大変化はこれから始まる
梅田望夫
グーグルが象徴する技術革新とブログ人口の急増により、知の再編と経済の劇的な転換が始まった。知らないではすまされない、コストゼロが生む脅威の世界の全体像。

610
これも経済学だ！
中島隆信
各種の伝統文化、宗教活動、さらには障害者などの「弱者」などについて「うまいしくみ」を作るには、「経済学」を使うのが一番だ！　社会を見る目が一変する本。

631
世界がわかる現代マネー6つの視点
倉都康行
9・11事件以後、国際金融の舞台では不気味な変化がゆっくりと生じている。その動きは市場と社会をどう変えるのか？　6つの視点からマネーの地殻変動を読みとく。

657
グローバル経済を学ぶ
野口旭
敵対的TOB、ハゲタカファンド、BRICs、世界同時株安……。ますますグローバル化する市場経済の中で、正しい経済学の見方を身につけるための必読の入門書。

701
こんなに使える経済学
——肥満から出世まで
大竹文雄編
肥満もたばこ中毒も、出世も談合も、経済学的な思考を上手に用いれば、問題解決への道筋が見えてくる！　経済学のエッセンスが実感できる、まったく新しい入門書。

724
金融vs.国家
倉都康行
国家はどのように金融に関わるべきなのだろうか。歴史的な視点から国家とマネーの連立方程式を読み解き、日本の金融ビジネスが進むべき道を提示した瞠目の論考。

729
閉塞経済
——金融資本主義のゆくえ
金子勝
サブプライムローン問題はなぜ起こったのか。格差社会がなぜもたらされたのか。現実経済を説明できなくなった主流経済学の限界を指摘し、新しい経済学を提唱する。

743
株とギャンブルはどう違うのか
——資産価値の経済学
三土修平
株式投資に夢を見る前に知っておくべき基礎がある。資産価値はどう決まるのか。その値上がり益とは何か。値動きの背後にある法則を経済学の視座から平明に説く。

500
お金に「正しさ」はあるのか
仲正昌樹
お金は「闇」に潜む人間の欲望をかき立てる一方で、現代社会における「正義」を実現させる。この矛盾に満ち、自己増殖しつづける貨幣の倫理学を構想する。

556
「資本」論
——取引する身体／取引される身体
稲葉振一郎
資本主義は不平等や疎外をも生む。だが所有も市場も捨て去ってはならない——。社会思想の重要概念を深く考察し、「セーフティーネット論」を鍛え直す卓抜な論考。

ちくま新書

780 資本主義の暴走をいかに抑えるか　柴田徳太郎

資本主義とは、不安定性を抱えもったものだ。これに対処すべく歴史的に様々な制度が構築されてきたが、現在、世界を覆う経済危機にはどんな制度で臨めばよいのか。

785 経済学の名著30　松原隆一郎

スミス、マルクスから、ケインズ、ハイエクを経てセンまで。各時代の危機に対峙することで生まれた古典には混沌とする経済の今を捉えるためのヒントが満ちている！

786 金融危機にどう立ち向かうか ――「失われた15年」の教訓　田中隆之

「失われた15年」において、日本では量的緩和など多様な金融財政政策が打ち出された。これらの政策は、どのような狙いと効果をもったのか。平成不況を総括する。

797 会計学はこう考える　友岡賛

会計の目的とは何か？　企業は誰のものか？　時価会計とは？　会計制度と法の関係は？　「そもそも」から考えれば、会計の構造と使い方が鮮やかに見えてくる。

807 使える！　経済学の考え方 ――みんなをより幸せにするための論理　小島寛之

人は不確実性下においていかなる論理と嗜好をもって意思決定するのか。人間の行動様式を確率理論を用いて抽出し、社会的な平等・自由の根拠をロジカルに解く。

822 マーケティングを学ぶ　石井淳蔵

市場が成熟化した現代、生活者との関係をどうデザインするかが企業にとって大きな課題となる。著者はここを起点にこれからのマーケティング像を明快に提示する。

825 ナビゲート！　日本経済　脇田成

日本経済の動き方には特性がある。それをよく知れば、予想外のショックにも対応できる！　大局的な視点から日本経済の過去と未来を整理する、信頼できるナビゲーター。